筑摩選書

清水真木
Shimizu Maki

新・風景論

哲学的考察

新・風景論——哲学的考察　目次

の」である〈その三〉風景は完了形で語られる／風景は、私が望むときではなく、風景が望むときに姿を現す／主客未分にふたたび与ること、あるいは、根源に還帰すること／根源への純粋なまなざし／無心であること、あるいは運命へと開かれていること

新・風景論——哲学的考察

第一章

風景の「日本的」性格を再定義する

風景とは「地平だったもの」である

風景とは何か。この問いに対する私の答えは、「地平だったもの」です。ただ、多くの人にとり、「地平だったもの」は、今のところ意味不明の七文字であるに違いありません。これを目にしただけで、「そうか、なるほど」と納得したり、あるいは、（私にとってはありがたくない話ですが、）「それは違うでしょう」と否定的な反応を心に浮かべたりすることは困難であるはずです。

「地平だったもの」とは何であるのか、また、なぜ風景とは「地平だったもの」として規定されねばならないのか、この書物は、これらの問いに答えることを目標とします。とはいえ、これらの問いに答えるためには、若干の準備が必要となります。そこで、この書物は、第一章から第三章において、いくつかの予備的な問題を主題的に取り上げ、その後、第四章において、右に掲げた問いに答えながら風景の意味を明らかにします。

この書物の本論は第四章であり、最初の三章は、本論のためのながい序論に当たります。

屋上から見えたもの

今から四〇年近く前、私が小学生のとき、次のようなことがありました。

小学校の四年生か五年生のときだったと思います。ある冬の寒い日の午前中、一時間目か二時間目に、小学校の校舎の屋上に上ったことがあります。屋上に設置された金属製の小さな日時計を見物するためでした。

私が通っていた杉並区の小学校は、小高い丘の上にあり、三階建ての校舎の二階から上は、離れたところからでもよく見えます。住宅街に囲まれていた小学校の周囲には高い建物がなく、校舎の屋上に立つと、かなり遠くまで見渡すことができました。

幸いなことに、私が屋上に上った朝は快晴であり、空には一片の雲もありませんでした。一九七〇年代後半の東京の空気は、有害な物質の量についても放射線量の点でも、今の何倍も汚れていました。特に、杉並区は、わが国の光化学スモッグ発祥の地として有名な地域でもあります。それでも、その朝、校舎の上には澄んだ青空が広がり、それは、冬の寒さを際立たせていました。

それは何かの授業の関連だったのでしょう、日時計の仕組を学び、現在の時刻に合わせてグノーモンが文字盤の上に影を正しく作るのを確認することが、屋上にわざわざ上がった本来の理由だったに違いありません。たしかに、その日は、日時計の仕組を知るには絶好の日和でした。

ただ、肝心の日時計の影については、注意散漫だったせいか、私には何の記憶もありません。日時計について私が今でも覚えているのはただ一つ、日時計の縁に「北」「北北西」「北西」「西北西」「西」「西南西」……などの文字と方角の目盛りが細かく刻まれていたことだけです。日時計を基点として周囲を眺めることにより、何がどの方向にあるかわかるようになっていました。

残念ながら、一九七〇年代後半の杉並区の小学校の屋上から何が実際に見えたのか、これについてもまた、細部の記憶が明瞭ではありませんが、天気がよく、空気が澄んでおり、しかも、視界を遮るものが周囲に何もなく、遠くまでよく見えたことは確かです。

私が特によく覚えているのは、視界の北から西へ、そして、西から南西へ、関東平野の縁を形作る秩父や丹沢の山々の輪郭が連なっていたことです。

大人でも子どもでも、東京二三区の内部で日常生活が完結しているかぎり、単なる山をほどよい距離から眺める機会はほとんどありません。私が小学校の屋上に上がったのとほぼ同じころ、一九七六年に公刊された曾野綾子の長篇小説『太郎物語 青春編』（現在の表題は『太郎物語 大学編』）には、高校三年生の主人公「山本太郎」の信条について、次のような記述があります。

太郎は町の雑踏の中に入ると生き返ったような気がした。タバコは、ニコチンの味がうまいんだ、と言っているおかしな男が、いつか父の所へ出入りしていたことがあったが、太郎にすれば、公害が町の味なのであった。排気ガスの匂い、スモッグ、騒音、不潔な街路。これが町中、公園みたいにきれいに掃除され、あたりは音もなく、空気が澄んで、東京のどこからでも秩父連山なんかが見えるようになったら、じいさん、ばあさんは喜ぶかも知れないが、若い太郎は虚しくてたまらないだろう、と思う。映画を見るにも、ゴーゴーを踊るにも、喫茶店に入るにも、自分は町の真只中におり、秩父連山なんかこの世にあることを忘れていられるからこそ、楽しいのである。しかし公害がいいなんて言うと後ろから殴られそうだから、

太郎は決して、そんなことを口にはしない。（『太郎物語 大学編』〔新潮文庫〕一五ページ以下）

たしかに、この小説の主人公は、いくらか風変りな若者です。少なくとも、現在の平均的な高校三年生よりもはるかに大人です。それでも、「自分は町の真只中におり、秩父連山なんかこの世にあることを忘れていられるからこそ、楽しい」という意見は、東京都内で生れ、東京都内で育った者の感想として必ずしも特殊なものではないように思われます。

山の眺めは、私にとっては今でも珍しく、彼方に連なる黒っぽい山が青空を背景にして見える場所に立つと、稜線から目を離せないことがあります。

ところで、小学校の校舎の屋上で山々のこの連なりを追って視線を左右に何回か移動させているうちに、私は、ある違和感に襲われました。正体不明の白い大きなものが山々の背後に見えるのです。とはいえ、この白いものが何であるかは、すぐにわかりました。おおよそ南西の方向、黒い山々の背後に、大きな山、つまり富士山が聳《そび》えていたのです。

私のまなざしは、万人の知る富士山の輪廓を捉え、それとともに、心の中では、視界全体が富士山を中心とする映像へと一瞬のうちに組み換えられました。私が立つ場所から富士山までは一〇〇キロメートル以上の距離があり、それにもかかわらず、富士山が意外に大きく見えるというのは、私にとっては印象的な事実でした。

また、遠くの白いものが富士山であることがわかり、富士山が注意を惹くとともに、富士山より近くに見える黒い山々、すぐ近くに見える住宅の屋根などは、富士山の眺めの一部をなすくすんだ前景にすぎぬものとなります。そして、「富士山のある風景」が姿を現したのです。

これは、風景の意味を考えるとき、私が繰り返し思い出す体験の一つです。この体験については、第四章において、風景と地平の関係を説明するときにもう一度取り上げます。

風景を正しく眺めて世界と和解する

この書物のテーマは風景です。「風景とは何か」という問いに答えることを目標として、風景と人間の関係について哲学的な観点からお話しします。

それでは、風景とは何か。しかし、残念ながら、この問いを切実な関心とともに引き受けられる人は、必ずしも多くはないような気がします。というのも、日本人なら誰でも、「風景」という言葉を自由に使いこなしているはずだからであり、「風景とは何か」という問いに答えられなくても、さしあたり不都合はないからです。たしかに、風景の意味がわからないからと言って、これが原因となって生活に困窮するなどということはないでしょう。普通の生活を送っているかぎり、風景の意味が身近な問題となる可能性はないように見えます。

それにもかかわらず、風景の意味を知り、風景を経験することには大切な意義があります。風景の意味への問いは、そして、風景の経験は、「世界との和解」の手がかりの一つだからです。

私が「世界との和解」と呼ぶのは、特殊な試みではなく、新しい試みでもありません。私の周囲にあるものの本当の姿を把握し、私が何者であるのかを自覚し、現実を力強く肯定し、必然のうちに自由を見出す……、人間ならば、みずからの生存を意義あるもの、幸福なものとするために、このような努力を怠らないでしょう。少なくとも、このような努力には、万人が価値を認めるに違いありません。これが、世界と和解することの意味です。

世界との和解は、私が独自に設定した新奇な課題などではなく、古代ギリシア以来二六〇〇年以上にわたり、多くの哲学者がそれぞれ異なる観点から語り続けてきた哲学の伝統的、普遍的、包括的なテーマに他なりません。「世界との和解」とは、哲学の別名なのです。

風景の経験の範例は日常にある

風景を正しく享受することが可能となるためには、風景とは何かを知ることが必要となります。「風景とは何か」という問いは、この意味において、世界との和解のための小さな一歩であり、本質的に哲学的な問いであると言うことができます。風景の意味が哲学的な観点から問われなければならない理由です。

ところで、私の周囲にあるものは一つひとつ、その都度あらかじめ異なる態度をとるよう私に求めます。そして、この要求に応えて私が適切な態度をとるとき、私が態度をとる当のものは、私の周囲に広がる空間の内部において適切な位置を占め、適切な役割を担っていると感じられます。

たとえば、私の隣に友人が坐っているとき、私は、この友人に対し、親しい他人にふさわしい態度をとります。当然、この態度は、粗大ゴミとして処分する予定の古い自転車に対する態度とは異なります。同じように、私の目の前にある固形石鹸は、水で溶かして手洗いに使う洗剤であり、私は、これを食品とは見なしません。形状、色、におい、手触りなどが、これを食品として扱わないよう私に求めるからです。存在するかぎりのすべてのものは、みずからにふさわしい態度をとるよう周囲に対して要求するのであり、これが「存在する」ことの意味の少なくとも一つの側面であると考えることができます。

マーク・トウェインの短篇小説「エスキモー娘のロマンス」には、登場人物たちのあいだで石鹸が御馳走として話題になる場面が描かれています。当時の石鹸が美味しかったとは私には思えませんが、それでも、石鹸を食べることが可能だったのは、一九世紀後半に製造され流通していた石鹸にはまだ石油が使われていなかったからでしょう。石油を主な原料とする現代の普通の固形石鹸をそのまま、あるいは、ピッツァやステーキや天ぷらなどに調理して食べるなら、健康面での少なからぬ不具合が惹き起こされるのは間違いありません。

みずからにふさわしい態度を私に要求する点については、風景も同じです。すなわち、私の何らかの態度に呼応し、他ならぬ風景として意識に姿を現す何ものかがつねに私の周囲にあるはずなのです。

「風景とは何か」という問いを前にするとき、風光明媚な場所において初めて出会われる眺めを想起する人は少なくないと私は想像します。このような風景には、「絶景」の名が与えられるのが普通です。しかし、この書物全体にわたり詳しくお話しするように、本当の意味における風景というのは、絶景のような非日常的な特殊なものではなく、反対に、私が目覚めているかぎり、いや、夢を見ているときですら、私が周囲に向ける態度に呼応するものとして、権利上、いつでも私の前に姿を現すことが可能なものです。

私の生活は、それとは気づかぬうちに、風景に浸され、風景にまとわりつかれています。風景は、本質的には平凡なものであり、したがって、風景の経験もまた、誰でも与《あずか》ることができるもの、誰もが与らざるをえないものであると言うことができます。

風景は、私の生活を構成する必須の契機であり、友人、ゴミ、食べものなどと同じように、周囲にあるものに秩序を与えこれを組織する役割を担います。風景に対し私がとる態度には、それ自体として明瞭な構造があり、この構造のおかげで、風景に対する態度を他のすべてのものに対する態度から自然な仕方で区別することが可能となります。言い換えるなら、風景の経験は、何か別のもの、たとえば絵画を眺める経験、自然環境に合わせた生活を工夫する経験などに還元することのできない固有の性格を具えています。「風景とは何か」という問いに答えを与えるとは、この固有の性格を明らかにすることに他ならないのです。

私の生活は、権利上、つねに風景に浸されています。つまり、現実に風景に注意を向けるかどうかには関係なく、生活が生活の名に値するものであるかぎり、私は、風景に対しその都度あらかじめ何らかの態度をとっています。したがって、風景の範例としてふさわしいのは絶景ではなく、反対に、「風景とは何か」という問いに答える試みは、日常生活において出会われる風景を手がかりとして始められるべきであるように思われます。

地球上には、素晴らしい景色がたくさんあります。世界遺産に登録されているボリビアのウユニ塩湖、北アイルランドのジャイアンツ・コーズウェー、トルコのカッパドキアなど、誰でも実例を際限なく挙げることができるはずです。たしかに、これらの絶景の鑑賞には、それなりの意義がないわけではありません。しかし、絶景の鑑賞は、風景の経験の典型であるというよりも、むしろ、風景の日常的な否応なしの経験の延長上に位置を占めるものであり、風景の経験の特殊な派生形態と見なされるべきものであると私は考えます。

とはいえ、この書物では、風光明媚で有名な場所の具体的な名をいくつも挙げながら風景の意味を説明します。それは、これらが風景の享受にふさわしい特権的な場所だからではなく、絶景が風景の範例だからでもありません。架空の日常的な風景を詳細に言葉で説明しても、この説明をもとに心に描かれる眺めは、人により異なることを避けられませんが、実際の名所の助けを借りることができるなら、このような距《へだた》りを最小限にとどめることができるに違いないと考えるからです。

風景論は混迷に陥っている

ところで、わが国では、遅くとも地理学者の志賀重昂《しげたか》（一八六三〜一九二七年）が『日本風景論』（一八九四年）を公刊してから現在まで、風景について語るおびただしい言葉が印刷物となって途切れることなく世に送り出されてきました。風景に関し不特定多数の目に触れることを前提として公表された言説を「風景論」と名づけるなら、現代の日本では、「風景論の氾濫」と呼ぶのにふさわしい事態が出来《しゅったい》していることになります。

もちろん、風景をめぐる思索は、外国、特に西洋諸国でもまた、それなりに真剣に試みられてきました。それでも、風景論がこれほど大量に生産され、消費されてきた国は、日本を措いて他にはありません。風景論の氾濫は、日本に固有の現象であり、これを風景に対する日本人の強い関心の反映と見なすことが可能です。

しかし、わが国の風景論は、その量が過剰であるのに反し、質の点では貧弱な状態にとどまります。建築学、地理学、認知科学、土木工学、環境倫理学などの成果として生れた研究文献、風光明媚な場所をテーマとする旅行記や随筆、さらに、旅行案内書や写真集……、これらの印刷物では、「風景」「景観」「眺め」「景色」などの語が無造作に用いられています。けれども、残念ながら、これらの語の使用において想定されているのは、本来の意味における風景とは微妙に、しかし決定的に異なる何ものかであるのが普通であるように思われます。

風景というのは、少なくとも権利上は、いつでも、どこでも、誰にでもアクセス可能なもの、平凡きわまるものであるはずです。それにもかかわらず、現代の風景論は、なぜか風景をめぐる日常的な経験の真相を見失って画一的なものとなり、質的な貧困に陥っているように見えます。そして、風景論のこの貧困が原因となり、現代の生活から本来の豊かさの一部が奪われてきたと私は信じています。

風景は、本当の意味において経験され、享受されるとき、その富を私たちに初めて差し出します。そして、風景を本当の意味において経験し享受することが可能となるためには、日常生活において出会われるはずの風景に寄り添い、その意味を把握することが必要となります。

問題としての「日本的風景」

この章の冒頭で、私は、風景を「地平だったもの」と定義しました。また、この「地平だったもの」の意味を説明することがこの書物のさしあたりの課題であるとも言いました。

しかし、風景一般の意味をお話しする前に、まず、この章では、遅くとも志賀重昂の『日本風景論』以来、現在にいたるまで高く評価されてきた「日本的風景」の問題を取り上げ、「日本的風景とは何か」という問いに答えます。

日本的風景の問題を最初に取り上げるのは、「日本的風景」、あるいは日本的な「原風景」などについてこれまで語られてきたことの大半が、風景をめぐる根本的な誤解に囚われているからであり、そのせいで、本当の意味における風景の経験がわかりやすい仕方で妨げられてきたからです。日本的風景をめぐる平均的な誤解を確認することにより、「風景とは何か」という問いを適切な文脈の内部において問うための手がかりを見出すことができるに違いありません。

結論をあらかじめ明らかにしておくなら、「日本的風景とは何か」という問いに対し、私は、「現在の日本人の生活様式に適合するとともに、現在の日本人の生活様式を規定するような自然物と人工物を物理的な要素とする風景」と答えます。

そこで、まず、この章では、現代の風景論の多くが和辻哲郎の風土論の歪んだ影響のもとにあること、このような風景論が風景の意味の根本的な誤解を前提とすることを確認します。具体的には、現代の日本において数を殖やしてきた「和風テーマパーク」に光を当て、「和風」が日本的であることを必ずしも意味するものではなく、したがって、おざなりな仕方で複製された和風の空間がかえって非日本的な風景と見なされるべきことを説明します。（第二章と第三章は、テーマパーク化の問題を思想史的な文脈の内部で取り上げます。）

この章の最後では、日本橋を覆う首都高速道路の高架橋の問題を取り上げ、高架橋を取り除くことが、ただ不要であるばかりではなく、都市としての東京の価値を損なう可能性すらある危険な試みであることをお話しします。

なお、この書物のテーマは風景の哲学であり、日本論や日本文化論ではありません。古典を引用しながらいわゆる「花鳥風月」や「花紅葉」や「雪月花」を讃美したり日本人の伝統的な美意識を肯定したりする試みは、さしあたりこの書物のテーマの範囲の外にあります。

テーマパークと遊園地

英語のtheme parkは、遊園地を意味するamusement parkから厳密に区別されてはいません。これに対し、日本語の「テーマパーク」が指し示すものは、遊園地とは異なる性格を具えた娯楽施設と見なされているようです。

「としまえん」（東京都練馬区）や「よみうりランド」（東京都稲城市）は、本質的に遊園地であり、「テーマパーク」とは呼ばれません。また、「明治村」（愛知県犬山市）や「マザー牧場」（千葉県富津市）は、テーマパークであるとしても、遊園地ではないと一般に考えられています。

しかし、同じ一つの施設がテーマパークと遊園地の両方を兼ねることがないわけではありません。実際、たとえば「東京ディズニーランド」（千葉県浦安市）や「ユニバーサル・スタジオ・ジャパン」（大阪府大阪市）は、遊園地であるばかりではなく、テーマパークでもあると認められているようです。遊園地とテーマパークの違いが遊具またはアトラクションの有無にあるのではないことがわかります。

むしろ、遊園地とテーマパークの差異は、テーマパークの性格を次のように表現することにより明瞭なものとなるでしょう。すなわち、施設を構成するすべての要素が何らかの共通の性格を具えているとき、そして、この共通の性格のおかげで、統一のある空間、しかも、外部から明瞭に区別された閉鎖的空間が形作られるとき、このような娯楽施設が「テーマパーク」と呼ばれていると考えてよさそうです。

東京ディズニーランドの場合、遊具の名称や設計、飲食物、従業員の制服や着ぐるみ、入場券やショッピングバッグのデザイン、敷地内のホテルの客室の内装まで、施設内のすべてのものがアニメーション映画を中心とするウォルト・ディズニーの著作物の延長上に位置を与えられ、この観点から統一されています。これが「テーマパーク」の「テーマ」の意味なのかも知れません。また、これが、東京ディズニーランドが単なる遊園地ではない理由です。ユニバーサル・スタジオ・ジャパンについても、事情は同じです。

ただ、テーマパークと遊園地の両方の性格を形式的には具えているのに、「テーマパーク」とも「遊園地」とも呼ばれない施設がないわけではありません。荒川修作（一九三六～二〇一〇年）とマドリン・ギンズ（一九四一～二〇一四年）が設計した「養老天命反転地」（岐阜県養老町）は、空間について統一が認められるにもかかわらず、「テーマパーク」とは呼ばれません。また、これは、遊具を具えているのに、遊園地と見なされることもないようです。養老天命反転地が娯楽施設ではなく藝術作品と見なされているからなのかも知れません……。

風景の「テーマパーク化」　軽井沢の場合

そして、この書物が取り上げる「テーマパーク化」とは、この意味におけるテーマパークに似た性格の空間が全国に作られる事態を指します。最近、わが国では、ある地域の特定の空間が、

図1　軽井沢ショー記念礼拝堂（著者撮影）

テーマパークではないにもかかわらず、主に「街づくり」の名のもとにテーマパークのような閉じた空間としてなしくずし的に不自然に組織されることが少なくありません。この書物は、この事態を「テーマパーク化」と名づけます。

時代を明治以降に限定するなら、日本で最初に大規模なテーマパーク化が試みられた地域は軽井沢です。実際、軽井沢のテーマパーク的性格は明らかです。少なくとも一八八八（明治二一）年にカナダ人の宣教師による開発が始まってから一〇〇年以上のあいだ、軽井沢は、「西洋の避暑地」をモデルにデザインされたテーマパークのようなものでした。軽井沢の街並みも中心となる植物相も、中山道の宿場町としての軽井沢宿に属していたものではなく、明治以降にあえて西洋風を目指して人工的に形作られたものです。軽井沢と同じ中山道沿いの宿場町や集落のあいだに、外見に関し連続や類似は認められません。

明治から昭和のながいあいだ、軽井沢は、わが国におけるテーマパーク化された空間のモデルとして、避暑地、別荘地の開発に大きな影響を与え、わが国の避暑地、別荘地の多くは、軽井沢を何らかの仕方で模範として参照することにより形作られて行きます。中には、もともと別荘地として開発されたわけではないのに、軽井沢の「劣化コピー」のような位置を世間から無理やり押しつけられて観光地化を余儀なくされ、しかし、流行と景気の変動に翻弄されて最終的にはゴーストタウンのようになった地域すらあります。清里高原（山梨県北杜市）は、その不幸な代表です。

図2　黒壁スクエアを流れる米川（滋賀県長浜市、著者撮影）

「和風」の街づくりは転倒した風景観にもとづく

ところが、二〇世紀の終りころから、軽井沢とは性格を異にする意匠の街づくりが目につくようになりました。すなわち、軽井沢のモデルが西洋の避暑地であったのに対し、最近のテーマパーク化では、和風の外観が私たちの注意を惹きます。滋賀県長浜市（いわゆる「黒壁スクエア」）、長野県小布施町、岐阜県白川村（合掌造りの集落）、花見小路（京都府京都市）、菓子屋横丁（埼玉県川越市）などは、和風に統一された空間としてよく知られたものです。

軽井沢を始めとする別荘地においてながいあいだ複

製されてきた西洋風あるいは西洋もどきの外観に代わり、和風の意匠が新たに選ばれるようになった理由の一つに流行を想定することは可能です。和風の流行は、街づくり以外にも認めることができるからです。

二〇年ほど前から、新しく開店するラーメン屋の多くは、中華料理屋の多くで採用されている伝統的な白衣やコックコートに代わり、作務衣を連想させるデザインや色合いの暗色の和風の衣装を、調理を担当する従業員に制服として好んで身につけさせるようになりました。このような制服は、ラーメンの調理に対し求道的な――「通」にしか本当の価値がわからないものを産み出す――「こだわり」（ああ、嫌な言葉だ）をにじませた作業の外観を与える必要から考案された小道具であり、このかぎりにおいて、流行と見なされるべきものです。

たしかに、ラーメンは、ただ作るだけであるなら小学生にもできる単純な料理ですから、ラーメン屋を商売として成立させるためには、求道的な雰囲気という仕掛けが必須となります。マスメディアで取り上げられるラーメン屋の店主――暗色の作務衣風の衣装かTシャツを身につけていることが少なくありません――が不愛想に見えることが多いのも、同じ理由によるのでしょう。

街並みの和風への統一が日本的なものの理解を前提とする日本回帰の現れであるかぎり、この傾向に関し懸念すべきことは何もありません。というのも、純粋に形式的に考えるなら、日本の風景が日本的であり、日本にふさわしいものであることは、何ら差し支えないばかりではなく、つねに好ましいことですらあるからです。反対に、ラーメン屋の店員の制服と同じように、和風が流行にすぎぬとしても、特に問題はありません。「他がやっているから自分たちも」という以上の理由がなければ、このような流行は、いずれ自然に廃れます。

しかし、街並みに和風の外観を与える試みは、日本的なものの深い理解にもとづくものではなく、単なる流行にとどまるものでもありません。むしろ、冷静に観察するなら、この傾向が風景に関するそれなりに一貫した見方に由来するもの、しかも、本質的には転倒した見方に由来するものであることがわかります。

類型化された「日本的」風景の幻想

「三保の松原の眺めは日本的だ」「中山道の馬籠宿の家並みは、きわめて日本的で美しい」「宇都宮駅前の空間は汚らしくて非日本的だ」「伊豆高原は俗悪であり非日本的だ」「イオンレイクタウン（埼玉県越谷市）など、非日本的であるばかりではなく、非人間的ですらある」……、私たちの周囲には、風景に関しこのような感想を口にする人がいるかも知れません。たしかに、風景の好みは人により決して同じではなく、生活感が横溢する郊外の駅、軽井沢もどきの別荘地、郊外の巨大なショッピングモールなどを苦手とする人がいるとしても、それ自体は何ら不思議ではありません。

ただ、風景の評価というのは、本質的に「趣味判断」であり、したがって、少なくとも表面的には、まったく主観的なもの、「正解」のないものです。これらの判断が単なる主観的な「好き

／嫌い」を超えて真理として万人に受け容れられることを要求するとき、この要求は、さしあたり不適切なものとして斥けられなければなりません。

特に、「日本的」と呼ぶことができる類型を風景について想定し、これを高く評価することは、日本人がみずからの周囲の空間を眺めるときに陥りやすい陥穽です。風景について何かを語るときには、これを慎重に避けることが必要となります。

前に述べたように、現代の日本の風景論は、深刻な混迷に陥っています。また、この混迷は、風景の意味に関する根本的な誤解に由来するものであり、この誤解のせいで、生活から豊かさが奪われていると私は考えています。

風景論のこの混迷の決して小さくはない原因の一つは、さしあたり、風景における日本的性格なるものが類型として不当に実体化された点に求めることができます。私は、「日本的風景などない」と言うつもりはありません。ただ、少なくとも、「日本的風景」という固定した類型なるものがフィクションであり、日本的な「原風景」などないことは確かであるように思われます。

風景に関する日本的性格が公共の言論空間において主題的に取り上げられたのは明治時代です。そして、これ以降、現在にいたるまで、風景論の大きなテーマの一つと見なされてきました。

日本的風景の問題を実質的に最初に主題化したのは、以前に名を挙げた地理学者の志賀重昂の『日本風景論』です。志賀は、日清戦争中に公刊されたこの著作において、次のように語ります。

この江山の洵美なる、生植の多種なる、これ日本人の審美心を過去、現在、未来に涵養する原力たり。この原力にして残賊せられんか、日本未来の人文啓発を残賊すると同一般、しかも近年来人情醨薄、ひたすら目前の小利小功に汲々とし、竟に遥遠の大事宏図を遺却し、あるいは森を濫代し、あるいは「名木」、「神木」を斬り、あるいは花竹を薪となし、あるいは古城断礎を毀ち、あるいは「道祖神」の石碣を橋梁に用ひ、あるいは湖水を涸乾し、あるいは鶴類を捕獲し尽くし(維新後、松島の松樹を伐りて木材となし、東京忍ケ岡の桜樹を斬りて印材となし、「物を喰ふ」とて奈良春日神社の鹿を絶えさんとし、「文明開化の世に無用の長物なり」とて東京芝増上寺に放火せし者の類は、近年来、少しく改悛したりといへども)、以て日本の風景を残賊する若干ぞ、かつや名所旧跡の破壊は歴史観念の聯合を破壊し、国を挙げて赤裸々たらしめんとす。日本の社会は、日本未来の人文をいよいよ啓発せんため、ますます日本の風景を保護するに力めざるべからず。……(『日本風景論』〔岩波文庫〕三二一ページ)

右に引用した一節において、志賀は、日本人が伝統的に受け継ぎ育ててきた自然の眺め、そして、過去を偲ばせる歴史的痕跡が「文明開化」の中で失われつつあることを嘆き、日本の未来のためにこれらが全力で「保護」されるべきであることを力強く主張します。これは、『日本風景論』の著者の時代に対する態度を明瞭に反映する箇所であると言うことができます。

ただ、『日本風景論』の大半は、季節、気候、地域、植物相、地質、地形などの観点から分類された日本の自然の描写とその抒情的な讃美によって占められます。風景における日本的なものの類型化、つまり、日本的性格を輪廓のある類型と見なし、任意の風景が日本的と判定されるための一般的な条件を記述する本格的な試みは、この書物にはまだ明瞭には認められません。

和辻哲郎の風土論の功罪

日本に固有の自然、日本に固有の文化、日本に固有の風景、このようなもののうちに明瞭な輪廓を具えた一つの類型を見出す試みがいつから始まったのか、端緒を正確に特定することはできません。ただ、このような試みの多くが、和辻哲郎の『風土』（一九三五年）の何らかの影響のもとにあることは間違いないように思われます。

現代では、『風土』における和辻の見解は、作品の公刊から八〇年以上を経て、完全に消費され、陳腐になっているように見えます。風土が単なる自然現象ではなく、生活様式の総体であり自己了解のカテゴリーであるという主張、あるいは、誰もが知る風土の三類型（モンスーン、砂漠、牧場）……。しかし、これらが今では陳腐なものと見なされているとするなら、それは、この著作に現れた和辻の立場が無効になったからではなく、反対に、和辻の試みが、ハイデガーの強い影響のもとで――九鬼周造の『「いき」の構造』（一九三〇年）とは異なる観点から――日本的なものをめぐる哲学的な思索に新しい局面を切り拓く範例的な試みと見なされ、知的世界の広い範囲において受け容れられてきたからであると考えるのが自然です。

とはいえ、表面的に見るなら、『風土』という著作は、それ自体としては、風景論ではなく「風土」論であり、ここには、風景の概念をめぐる意味のある記述は見出されません。また、『風土』第三章の後半では、「受容性」や「忍従性」の観点から日本の風土の性格が主題的に取り上げられますが、和辻は、この箇所で、日本的なもの一般の規定を厳密な仕方で試みているわけではありません。それでも、和辻のこの風土論は、著者の意図とは関係なく、誤って一種の環境決定論と見なされ、のちの時代の風景論に歪んだ形で影響を与えたように見えます。

たしかに、『風土』という著作のうち、「風土の基礎理論」という標題を持つ短い第一章を無視し、また、和辻自身が言及する「間柄《あいだがら》」の概念と風土の関係を無視して第二章以降を形作る具体的な記述のみに注意を向けるなら、これを環境決定論として理解することは不可能ではなく、不自然でもありません。

ただ、少し注意してこの著作を読むなら、和辻が環境決定論を肯定しているわけではないことがわかるはずです。この点については、第四章で簡単にお話しします（一八三ページ以下）。

とはいえ、たしかに、現代の風景論、特に土木工学、建築学などの分野の専門家の手になる風景論には、日本の風景を日本の風土——歴史的環境と自然環境——との関連において理解する試みが散見します。また、『風土』への言及がこれらの風景論の少なくはない部分に認められることも事実です。風景論の著者たちの目に『風土』がどのように映ったのか、これは必ずしも明らかではありませんが、それでも、和辻の言葉が彼らにとり何らかのヒントになったことは間違いないようです。

風景をテーマとする古典的な著作、特に建築学、地理学、土木工学の視点から風景の意味を主題的に取り上げる著作の多くは、風景の評価にあたり、(和辻の想定する風土とは異なる意味における)「風土」(または環境)との関係を当然のように前提とします。そして、風土との関係を自明の前提とするかぎり、風景は、地形、気候、植物相などからなる風土と一体のもの、あるいは風土の一部として理解されねばなりません。当然、よい風景とは、風土を反映する風景であり、反対に、風土を無視して作り上げられた人工的な風景は、否定的に評価されます。

この考え方に従うなら、それぞれの地域の風景の評価には、風土への適応という観点が必要となります。新潟県の豪雪地帯、群馬県の平野部、高知県の海沿い……、それぞれの地域では、個性ある風土への適応を目指してながい年月のあいだに試行錯誤が繰り返され、この試行錯誤の結果として、伝統的な家屋、伝統的な街並み、伝統的な自然環境、伝統的な日用品、伝統的な農作業のスタイル、伝統的な食生活などが産み出されてきたに違いありません。よい風景とは、風土への適応の努力の結果が活かされたこのような人工物と自然物によって形作られたものでなければならないことになるでしょう。

たとえば、豪雪地帯の風景を形作るのにふさわしい人工物を挙げるよう求められ、雪と寒さに対する工夫が施された伝統的な日本家屋を最初に心に浮かべる人は少なくないでしょう。風景が風土への適応を目指すべきものであるなら、オレンジ色の素焼きの瓦と白い塗り壁、光沢を欠いた黒い鉄製の外構用建材などを特徴とするステレオタイプな「南欧風」の外観の住宅を豪雪地帯の山間部に建設し、庭にヤシやゲッケイジュやオリーブを植えたりプールを造ったりすることは、あるべき風景の破壊に他なりません。

けれども、よい風景とは風土に適応した風景であるという見解が妥当であるなら、よい風景のうちに私たちが見出す伝統的な生活の産物は何もかも、風土を反映するものであり、風土の記号と見なされることになってしまいます。家屋の細部に施された工夫、食物を保存し調理する技術、安全上の観点から行われた植樹や植林など、すべてが風土への適応という観点から評価されねばなりません。また、風土との関係で説明することができないものは、よい風景に属さぬもの、空間から取り除かれるべき不純物、夾雑物となります。

しかし、風景が風土への適応の努力の結果として形作られたものであり、風土の記号にすぎぬとするなら、風景を眺めるとは、目の前の人工物や自然物について、これを人間の生活空間に一方的に刻印された風土の記号と見なし、いわば「テクスト」として解釈する作業となります。いや、正確に言うなら、この作業は、普通の意味におけるテクストの解釈ではなく、カバラ的な暗号解読であり、それ自体は決して姿を現すことのない抽象的な「風土」という名の隠れた神、**deus absconditus** の恣意的な追想にすぎません。これは、雪の上に遺された足跡を手がかりに雪男の姿を心に描くようなものであると私は考えます。

「和風テーマパーク」が風景を破壊する

日本全体の風土についても、事情は同じです。すなわち、風土論の延長上には、日本に固有の風土への適応こそ風景のあるべき姿であり、日本の「原風景」であるという主張が姿を現します。これは、一種の環境決定論であると言うことができます。

風土と風景がこのような仕方で結びつけられうるかぎり、類型としての日本的なものの輪廓を辿ることは困難ではないでしょう。すなわち、日本的風景なるものがありうるとするなら、それは、風土の刻印がいたるところに認められる風景であり、風土に対する受動的な適応の結果であることが明らかであるような風景となります。

当然、それは、「あべのハルカス」(大阪府大阪市)や「横浜ランドマークタワー」(神奈川県横浜市)などの無国籍的な機能主義的な人工物、つまり——『旧約聖書』の「創世記」が描写するバベルの塔の建設が神への反抗であったのと同じ意味において——風土の刻印に抵抗するように見える人工物からなるものであってはなりません。反対に、「日本的風景」は、伝統的な和風の建築や街並み、和風の食生活、和風の行動様式、和風の日用品、和風の植物相など、風土への受動的な従順な適応の努力の産物の組み合わせに求められねばならないでしょう。

なお、私がここで「和風」と呼ぶのは、現在の日本人の平均的な生活の内部において実質的な役割を担っているかどうかには関係なく、過去における使用の実績とエキゾティズムのうち、少なくともいずれか一方を基準として選び出され、そして、類型化された植民地的な日本らしさです。人力車、いわゆる「忍者」の装束、和傘、提灯、女性の袴、駄菓子、なまこ壁、歌舞伎、琴や三味線の音などはいずれも、この意味において和風と見なされているものです。(「江戸しぐさ」のようなフィクションを事実と偽って流通させることが可能であったのも、これが何よりもまず「和風」であるからに違いありません。)

風土と風景を一体のものと見なす風景論が想定するよい風景、つまり類型化された日本的風景とは、和風の風景を指します。日本的風景とは、和風の人工物と自然物を物理的な要素とする風景に他ならないことになります。

たしかに、古いものに具わる古さは、それ自体として決して無価値ではありません。なぜなら、新しいもののすべてが古いものになりうるわけではないからです。万物は例外なく、新しいものとしてこの世に生れ、しかし、多くは、古いものとなりえぬまま、時間の暴力に負け、この世から姿を消します。あとでもう一度お話しすることになりますが、古くなりうるというのは、すでにそれ自体として一つの価値なのです。

けれども、古くからあるもの、あるいは、昔は使われていたものを、実際の生活の要求とは関係なく無理やり修復、再現、維持、管理し、これらを強引に組み合わせて和風の空間をデザインしても、これは、現代の平均的な日本人の生活から乖離したもの、よそよそしいものになることを避けられません。それは、日本的風景ではなく、単なる「日本ぽい風景」にすぎないのです。

現代では、日本人のかなりの部分は、伝統的な日本家屋に暮らしているわけではなく、いわゆる「和食」がつねに食生活の中心を占めているわけではなく、普段の生活において着物を身につけているわけではなく、人力車や駕籠や牛車を日常の移動手段としているわけではないからです。もちろん、忍者や侍など、本物のテーマパークの小道具以外の何ものでもありません。

それにもかかわらず、二〇世紀の終わりごろから、「修景」という不思議な二字熟語――「景観を修復すること」の短縮表現なのだと思います――が公文書を中心として多用されるようになり、それとともに、ステレオタイプな和風の街並みが全国のいたるところに姿を現しました。具体的には、三〇年くらい前から、「修景事業」「街並み整備事業」などの名のもとに、住宅や商店の外観を、大抵の場合は暗色と白色の和風に統一し、これをいわゆる「街づくり」の刺戟とする試みが全国の多くの自治体で進められています。もっとも有名なのは、小布施町の事例でしょう。小布施町は、多くの旅行者が訪れる観光名所になり、この意味において「成功」した事例であると普通には考えられています。

しかし、小布施町において進められてきた「街並み修景事業」の対象は、町が設立した美術館である北斎館と和菓子店の小布施堂本店を中心とする狭い範囲にとどまります。対象となる面積は、テーマパークとしては十分な広さであるとはいえ、町域全体の一パーセント以下にすぎません。同じように、白川村では、有名な合掌集落を始めとする「重点景観形成地区」の狭い範囲だけが修景の対象です。川越市の「菓子屋横丁」、京町屋の家並みを再現した京都市の「花見小路」、長浜市の「黒壁スクエア」なども、事情は基本的に同じです。

現地に身を置けば、大抵の場合、特別に作られた空間の範囲は、否応なくわかります。建物の外観に統一感が与えられ、しかも、道路の舗装の素材によって周囲から区別されて閉じた空間を作っているのが普通だからです。地方中小都市の貧寒とした無個性な街並みの中に、あるいは、何もない山林の中に、特別な舗装の道路と暗色と白色を中心とする外観の家並み、しかも、土産物屋と飲食店を主体とする家並みが急に現れ、観光客が集まっているのが見えれば、そこが何か特別な場所であることは、誰にでも見当がつくでしょう。

これらの事業が目指すのは、現実の住民の生活空間の充実ではなく、観光資源としての「和風テーマパーク」の造成にすぎません。修景によって産み出された街並みは、入場料を徴収しない点を除けば、本物のテーマパークである「日光江戸村」（栃木県日光市）や「東映太秦《うずまさ》映画村」（京都府京都市）と何ら異ならないことになります。和風の家屋を並べ、和風の街並みを作り、里山を保護し、「日本ぽい風景」を作り出す……、本物のテーマパークである、「志摩スペイン村」（三重県志摩市）がステレオタイプな「スペインらしさ」のパッチワークであり、「ハウステンボス」（長崎県佐世保市）がステレオタイプな「オランダらしさ」のパッチワークであるとするなら、同じように、修景によって産み出された日本各地の公営の和風テーマパークは、それぞれの地域に実際に住む人々の生活の実態から少なからず乖離したステレオタイプな「和風」のパッチワークであり、「日本ぽさ」の、「オリエンタリズム」のパッチワークに他ならないのです。

逆説的なことに、「修景」などには煩わされることなく、「アミューズメント」を堂々と標榜する日光江戸村や東映太秦映画村の方が、公設の和風テーマパークよりも、少なくとも細部については、風土に忠実な和風の空間の再現に熱心です。時代劇の製作のための厳密な時代考証のおかげなのでしょう、これらのテーマパークでは、観光客を除く「通行人」はすべて、侍、町人、百姓、遊女など、施設内の役割に応じて異なる衣装を身につけています。また、小布施町でも花見小路でも菓子屋横丁でも、路面の大半は石畳風の素材で舗装されていますが、江戸時代の日本の都市の普通の街路が全面的に舗装されていたはずはありません。実際、日光江戸村でも東映太秦映画村でも、路面の大部分は土のままです。風土に忠実な「修景」を追求するのなら、路面を土に戻し、空気が乾燥するときには、打ち水で砂埃を抑えるべきでしょう。

和風テーマパークは「オリエンタリズム」に寄りかかった惰性の産物

現代の風景論が想定するよい風景とは日本的風景であり、この場合の日本的風景とは、和風の風景、「日本ぽい風景」に他なりません。そして、この和風にデザインされた閉じた空間を一つの類型として大量に複製する試みが修景の実質であり、この事業の結果として、全国のいたるところに和風テーマパークが造られました。これは、今まで説明してきたとおりです。

ただ、冷静に考えるなら、和風の空間を類型として実体化し、これを際限なく複製し続けるのは、本質的にうしろ向きの作業であり、各地の伝統の物理的残滓の縮小再生産と見世物としての動態展示以上の意味をここに見出すことはできないように思われます。

人類のながい歴史のほぼすべての時期において、風土に対する態度がおおむね受動的であり従順であり、生き残りを目指した風土への適応がもっとも重要な課題であり続けたことは事実です。伝統的な生活空間を細部にいたるまで満たす風土の記号は、生き残りの努力の当然の結果なのです。

しかし、日本人が風土にこれまで受動的に適応せざるをえなかったとしても、今後も引き続き風土に対し同じように受動的に適応しなければならない理由は何もありません。実際、現代の平均的な日本人の生活は、風土に従順であるわけではなく、すでに現在では、自然の暴力にはテクノロジーによって対抗し、伝統の圧力には野蛮ないし野生によって（自然主義的な「先祖返り」にすぎぬことがあるとしても）反抗することが許されているように見えます。

わが国の風土のもとで快適な生活を維持する努力が和風の空間を作り上げたこと、したがって、近代のある時期まで、快適な空間、日本的風景が否応なく和風とならざるをえなかったことは確かです。また、この点は、決して忘れられてはならないと思います。けれども、二一世紀において、日本的風景を和風に求めることは、もはや惰性以外の何ものでもないこともまた事実です。

空間のデザインの範例を歴史や伝統や慣習や風土に求めることは安直であり、どれほど手間がかかる作業が積み重ねられるとしても、そこには、生産性も独創性も認めることができません。和風の呪縛から逃れ、風景の日本的性格を形式的な観点から規定することが必要であるように思われます。

日本的風景を再定義する　二一世紀の汐留

東京都港区の汐留に、「シオサイト」という名を持つ空間があります。ここは、旧国鉄の汐留貨物駅の跡地であり、時代を遡るなら、この場所には、一八七二（明治五）年、日本で最初の鉄道の起点となった新橋駅が置かれたことがわかります。さらに、ここでは、二一世紀になってから再開発が始まり、約一五年をかけて三〇棟近い高層ビルが約三〇万平方メートルの敷地に建設されました。これらのビルは、デザインや規模については区々《まちまち》であるとはいえ、ガラスと鉄骨を多用した機能主義的な高層建築物であるという点ではすべて同じです。

それでは、このシオサイトは日本的であるのか。日本人の多くは、この問いに対し「否」と即答するでしょう。この問いに対する答えを今ここで求められるなら、私もやはり「否」と答えます。

シオサイトの高層ビル群は、これまでお話ししてきた和風テーマパークの対極にあります。シオサイトは、（なぜか「イタリア街」と名づけられ、しかし、少なくともそこがイタリアではないことだけは残念ながら誰の目にも明らかな区域を含め、）全体として無国籍的であり、日本語の看板や標識が設置されていなければ、そこが日本であることも東京都心であることもわからないかも知れません。

汐留は、一七世紀初め、江戸湾の一部が埋め立てられることによって生れた土地です。そして、これ以降、四〇〇年以上にわたり、江戸および東京の都市の機能の一部を担ってきました。このかぎりにおいて、汐留には、「土地柄」らしきものがあると言えないことはありません。

ただ、シオサイトとして実現した再開発計画がこのような土地の履歴を反映してはいないことは確かです。土地の履歴を「ゲニウス・ロキ」として尊重する人々にとっては、汐留の再開発は、歴史に対する暴力以外の何ものでもないかも知れません。(「ゲニウス・ロキ」の意味は、すぐあとで説明します。)

とはいえ、少し落ち着いて考えるなら、「シオサイトは日本的であるのか」という問いに対し肯定的な答えを与えることは、ある条件のもとでは不可能ではないように思われます。

現在のシオサイトがひどく非日本的な空間であることは事実です。それどころか、非人間的な空間ですらあるかも知れません。それでも、今から一〇〇年後なら、事情が少し違います。一〇〇年後、つまり二二世紀初め、シオサイトのオフィスビルが十分に年古《としふ》り、しかし、相変わらず使われ続けているなら、そのとき、それらは、間違いなく、多くの日本人になじみのある「日本的風景」と見なされるようになっているはずだからです。

前に述べたように、この世に姿を現した新しいもののすべてが古くなりうるわけではありません。現在の日本の法律では、建築物の税法上の耐用年数、つまり、工事費を減価償却費として経費に計上することが認められる期間は、強度の点でもっともすぐれていると一般に考えられている鉄骨鉄筋コンクリート造のオフィスビルの場合でも、完成からわずか五〇年です。したがって、現在のシオサイトを形作る構造物が二二世紀を待つことなく、古くなることができぬまま、すべて姿を消してしまう可能性は小さくありません。

シオサイトを構成するオフィスビルが一〇〇年後にもまだオフィスビルとして使われているのか、あるいは、私たちには想像もできないような用途で使われているのか、これはよくわかりません。それでも、何らかの仕方でビルが使われ続け、一〇〇年後にもなお同じ姿をとどめているなら、そのとき、シオサイトは、日本的風景を形作る物理的な要素として私たちの前に佇んでいることでしょう。なぜなら、すでに一〇〇年後のシオサイトは「古いもの」であり、見慣れたものであり、それまでの一〇〇年の日本人の生活様式を規定してきた環境に属するものと見なされているに違いないからです。

シオサイトを形作る建築物の外観が物理的に変化するわけではないとしても、それぞれの時代の生活様式に適応しながら日本人によって使われ続けるとともに、使われ続けることによって日本人の生活様式を規定してきたものは、かつて新しいものであったときにどれほど非日本的であったとしても、ながい年月のうちに、それ自体として日本的になります。それは、日本人の環境の構成要素となり、日本人の生活を成り立たせる地平となるのです。

私は、この章の冒頭において、「日本的風景」を「現在の日本人の生活様式に適合するとともに、現在の日本人の生活様式を規定するような人工物と自然物を物理的な要素とする風景」と規定しました。この規定の意味は、これまで述べてきたことから明らかであるように思われます。現在の日本人の生活を支えてきたものであるかぎり、外国に由来するものであるとしても、あるいは、無国籍であるように見えるとしても、日本的な風景を形作るものとして受け止めるべきであると私は考えます。

実体化された「ゲニウス・ロキ」はフィクション

風景をテーマとする文献を読んでいると、「ゲニウス・ロキ」という言葉にときどき出会います。この「ゲニウス・ロキ」（genius loci）は、「土地」（locus）の「精霊」（genius）という意味のラテン語の表現であり、古代ローマに由来するものです。「地霊」という訳語が当てられることもありますが、この訳語は必ずしも一般的ではなく、普通には「ゲニウス・ロキ」がそのまま使われます。

ギリシアとは異なり、ローマは、「祖先の遺風」（mores maiorum）を大切にする保守的な社会であり、そこでは、祖先祭祀というものが社会生活と分かちがたく結びついていました。ゲニウス・ロキは、この伝統的な祖先祭祀において、それぞれの土地の守護霊の役割を担う位置を与えられていた「神のようなもの」です。ごく大雑把に言うなら、これは、日本の「地主神」に当たります。

ただ、近代になると、西洋世界では、古代ローマのゲニウス・ロキが帯びていた宗教的な性格は失われ、「ゲニウス・ロキ」は、土地の履歴に支えられた土地柄、その場所の特性などを漠然と指し示す表現として使われるようになります。たしかに、赤坂（東京都港区）には赤坂の土地柄があり、ラスベガス（アメリカ）にはラスベガスの土地柄があります。ピルコマジョ川（パラグアイ）の上流域にも、人の住まないゴビ砂漠（モンゴル）の中央部にも、それぞれの土地柄は認められます。南極大陸や月面を構成するエリアの一つひとつにすら、土地柄はあります。

しかし、土地柄というのは固定したものではなく、むしろ、本質的には、それぞれの時代にそれぞれの地域で暮らす者たちが、社会環境や自然環境との相互作用の中でみずから形成するものです。たしかに、日光（栃木県日光市）、草津温泉（群馬県草津町）などには明瞭な土地柄があり、しかも、この土地柄は、最近数百年のあいだ、大きな変化にさらされることなく保持されてきたかも知れません。しかし、日本の多くの地域では、土地の履歴に明瞭な一貫性を認めることはできません。特に、東京には、江戸城（東京都千代田区）を唯一の例外として、長期にわたって同じ土地柄を保持しているような場所はもはやないと考えるのが自然です。

日本橋と首都高速道路

「日本橋の上を走る首都高速道路を撤去すべきか。」これは、二一世紀になってから現在まで、公共の言論空間に何回か姿を現した問題です。この問いに対する答えは人によって区々であるかも知れないとしても、少なくとも、これが問題と見なされていることは、誰でも知っているでしょう。

一九六四（昭和三九）年に開催された東京オリンピックに合わせ、わが国では、おびただしい量のインフラが短期間で整備されました。そして、東京の市街地における首都高速道路の建設は、今から五〇年以上前、国土と都市の近代化を目標として進められた事業を代表するものの一つです。また、完成した首都高速道路は、二〇世紀後半の日本の土木技術の到達点を示す作品でもあります。

すでに現在では、高速道路の高架橋は、東京の都心を歩く機会の多い人にとっては見慣れた構造物の一つでしょう。都心の広い通りを歩いていると、高架橋が広い通りのはるか前方を横切っているのを必ず見かけます。それどころか、異なる方向に複数の高架橋が見える地点すら、都心では珍しくありません。たとえば、中央区の銀座四丁目交差点に身を置くとき、三つの高架橋が三つの方向、すなわち数寄屋橋方面、京橋方面、新橋方面に見えます。首都高速道路は、現在の東京の風景と分かちがたく結びついているのです。

もちろん、自動車専用道路を具えている大都市は、東京ばかりではありません。ヨーロッパやアメリカの大都市にもまた、首都高速道路に似た自動車専用道路があります。

しかし、これらの多くは、市街地化が本格的に進行する前に造られたもの、あるいは、パリのペリフェリックのように、旧市街地の縁に沿って造られたものです。当然、これらの都市では、都心のいたるところで高速道路の高架橋に出会うことはありません。市街地の中心部にあとから割り込むように作られた首都高速道路と東京のあいだには、特殊な関係が認められます。

首都高速道路の特殊な性格は、道路が建設された場所を地図で確認することにより、ただちに明らかになります。用地の買収に必要な手間と時間を節約するためだったのでしょう、首都高速道路はすべて、河川や既存の幹線道路の上（または下）に造られたのです。実際、首都高速道路には、本来の地面と同じ高さを走る区間はなく、すべての区間が高架橋と地下トンネルです。日本橋が高架橋によって覆われたのには、いや、正確に言うなら、日本橋の下を流れる日本橋川の上に都心環状線が建設されたのには、このような事情があります。

首都高速道路の建設に関するこの方針は、日本橋の外観を一変させることになったばかりではありません。東京のいくつかの地域は、首都高速道路によって一層深刻な変質を余儀なくされました。六本木（東京都港区）は、その不幸な実例です。この意味において、首都高速道路の建設は、東京の街並みに大きな影響を与えたことになります。

日本橋をモニュメントと見なすとき、その周辺は退屈な和風テーマパークになる

ところで、「日本橋」の名を与えられた現在の橋梁は、江戸時代初期に同じ場所に初めて架けられた橋から数えて一九番目に当たり、妻木《つまき》頼黄《よりなか》（一八五九〜一九一六年）を始めとする複数の人物が設計に関与して一九一一（明治四四）年に完成しました。この橋は、一九九九（平成一一）年に国の重要文化財に指定されています。

しかし、このような歴史的事実をさしあたり無視し、現在の日本橋を構造物として評価するとき、これが日本を代表する橋の一つであると認める人は必ずしも多くはないように思われます。たしかに、明治時代に造られた西洋風の石橋に範囲を限るなら、日本橋は、決して無価値ではありません。ただ、その価値は、同時代のヨーロッパの橋の優秀なコピーとしての価値であり、日本橋にそれ自体として際立った特徴があるわけではないのです。

図3　日本橋と首都高速道路（著者撮影）

それでも、日本橋を覆う高架橋を取り除くべきことを熱心に主張する人が少なくありません。これには次のような理由があります。

日本橋という「地域」は、近代のある時期まで三〇〇年以上にわたり江戸および東京の中心の役割を担い、このかぎりにおいて、日本の中心の役割を担ってきました。橋が架かる「地点」としての日本橋は、「日本の中心としての日本橋」を象徴する場所であると一般に考えられているのです。実際、「構造物」としての日本橋の中央の路面、つまり高架橋の下には、日本国道路元標が埋め込まれ、この「地点」は、現在もなお、日本の道路交通網に秩序を与える座標の理念上の原点のような役割を担っています。

日本の中心は、江戸または東京であり、江戸または東京の中心は、日本橋という「地域」であり、日本橋という「地域」を象徴するのは、日本橋という「地点」でした。この歴史的事実あるいはゲニウス・ロキを尊重するなら、「構造物」としての日本橋は、建築史的な価値とは関係なく、日本橋の歴史、東京の歴史、日本の歴史の一時期を象徴する「地点」に立つモニュメントと見なされるべきであることになります。当然、モニュメントとしての日本橋の周囲は、「構造物」としての日本橋が架かる「地点」に認められてきた象徴的な意味にふさわしく整備されねばならないでしょう。「構造物」としての日本橋と「地点」としての日本橋がともに高架橋に覆われている事態に対し否定的に反応する人々の立場を要約するなら、このようになります。

この問題をめぐる立場をあらかじめ明らかにしておくなら、私は、高速道路の高架橋を取り除き、「構造物」としての日本橋の周囲を整備すべきであるという主張には同意しません。四六ページに掲げた問いに対する私の答えは「否」です。

「日本橋川に空を取り戻す会」という団体があります。この団体は、土木工学の専門家や財界の有力者によって一〇年ほど前に設立され、まもなく、日本橋の再開発に関する提言を発表しました。(現在は、活動を事実上休止しているようです。)この団体の提言には、「構造物」としての日本橋が歴史的なモニュメントであること、したがって、これを中心に付近を再開発し、日本橋川の両岸に親水公園を造るべきであるという意味のことが記されています。しかし、このような再開発は、日本橋という「地域」のテーマパーク化であり、都市としての東京の価値を毀損するものであるように思われます。

私は、日本橋の現状について何ら不都合を認めません。その理由はただ一つ、二一世紀前半の日本に暮らす日本人の大半にとり、高速道路と日本橋の組み合わせがもはや見慣れたものになりつつあるからです。

日本橋の上に高架橋が建設されたのは一九六三（昭和三八）年、東京オリンピックが開催される前の年です。そして、それ以来、現在まで五〇年以上の時間が経過しています。この書物が公刊される時点で、一九六三年以後に生れた日本人は、全人口の約半分を占めます。すなわち、日本橋川に架かる日本橋の姿になじみがあり、これを青空の下で一度でも直接に見たことがある日本人は、もはや断然少数派なのです。

一九七二年に公開されたソ連映画に「惑星ソラリス」という作品があります。これは、アンドレイ・タルコフスキーの初期の監督作品であり、ポーランドの作家スタニスワフ・レムの長篇小説『ソラリスの陽のもとに』を翻案し映画化したものです。この映画を観たことのある日本人なら誰でも知っているように、この作品の前半、主人公が宇宙ステーションに出発する前の部分では、東京の首都高速道路を走る自動車を運転する登場人物の姿と車窓からの眺めがところどころに挿入されています。機能主義的なデザインの高層ビルのあいだを縫うように高架橋が建設され、その上を自動車が高速で往来する光景は、外国人には、近未来的な都市の姿を想起させるもので

図4　浜離宮公園から見た汐留の高層ビル群

あったのかも知れません。

たしかに、汐留のシオサイトが無国籍的な空間であるのと同じように、日本橋の首都高速道路は、完成したばかりのころは、古い街に溶け込まぬ異様なものであり、見る者に違和感を与えていたと想像することができます。しかし、今では、日本橋に暮らす者にとり、東京に暮らす者にとり、また、地方に暮らす者にとっても、さらに、日本を訪れる外国人にとってすら、首都高速道路の下の日本橋は、すでになじみのあるものであり、日本橋のオフィス街に溶け込みつつあるはずです。今からさらに五〇年ののち、高架橋の下の日本橋は、日本的風景として受け止められているに違いありません。

第二章

「絶景の美学」の系譜学

第二章と第三章のテーマは、「絶景の美学」です。「絶景の美学」とは、前の章で説明した「テーマパーク化」において暗黙のうちに前提となる風景観に対し仮に与えられた名です。絶景の美学は、現代の日本の風景論が不知不識に受け容れている風景の見方の枠組であり、その起源は、一八世紀後半のイングランドに求めることができます。

第二章と第三章は、絶景の美学を批判し解体することを目標とします。絶景の美学が本質的に転倒した風景観であり、絶景の美学が風景と見なすものが偽りの風景であること、絶景の美学のせいで、本当の意味における風景の経験が私たちの生活から奪われていることをやや立ち入った仕方で説明します。

とはいえ、ここからの話は、いくらか抽象的であり、私が「絶景」と呼ぶものが何であるのか、具体的に想像することができないかも知れません。そこで、絶景の美学の輪廓を辿る前に、説明の手がかりとして、一つの例をあらかじめ示します。

何年も前の秋のある日、「私」は、カメラを持って鎌倉市の稲村ヶ崎海岸に出かけました。江ノ島電鉄の稲村ヶ崎駅で電車を降り、歩いて海岸へ向かい、海岸を通る国道一三四号線に出て右の方を眺めると、遠くの方に江ノ島を望むことができます。また、晴れた日なら、江ノ島のさらに向こうに富士山が見えるはずです。

ところが、運悪く、「私」が稲村ヶ崎海岸に行ったときは、晴天ではありませんでした。東京の自宅を出たときには快晴だったのに、横須賀線で鎌倉に向かっているうちに、空が雲に次第に覆われて行き、稲村ヶ崎海岸に辿りついたころには、小雨が降り、暗い空を背景に江ノ島の輪郭がボンヤリと見えるばかりで、富士山などまったく見えません。「江ノ島の向こうに富士山が見えると思ったから、一眼レフカメラと望遠レンズと三脚を担いでここまで時間をかけてやって来たのに、肝心の富士山が見えないじゃないか」と、「私」は、稲村ヶ崎に来るまでに費やされた時間と体力と電車賃を心の中で計算しながら、天気を恨み続けました……。

この場合、「絶景」に相当するのは、晴れていたら見えるはずの眺め、つまり、江ノ島と富士山が遠くに両方とも見える眺めです。しかし、この眺めは、本質的には単なる映像にすぎず、本当の意味における風景ではありません。

これが「絶景」、つまり偽りの風景であることをもっとも明瞭に示すのは、「あいにくの」天候によって見えなくなる可能性があるという事実です。この書物が「絶景」と呼ぶものを本当の意味における風景から区別する標識は、さしあたり、天候を始めとする「あいにくの」事情によって掻き消されてしまうかどうかという点に求めることができます。

絶景の本質は単なる映像であり、したがって、意のままにならない事情をノイズと見なし、これを嫌います（一五三ページ以下）。これに反し、本当の意味における風景は、意のままにならない他者――この場合は天候――を含む全体であり、悪天候をみずからのうちに含むものなのです（一六七ページ以下）。「私」が鎌倉へ行ったのは、映像を見るためであり、風景を眺めるためではないことになります。

風景は、誤って「閉じた庭」と見なされてきた

絶景の美学とは、「風景とは絶景である」ことを主張する風景観です。言い換えるなら、これは、風景の価値を「ピクチャレスク」であることに求める風景観です。「ピクチャレスク」は、絶景の美学のもっとも重要なキーワードであり、「ピクチャレスクとは何か」という問いに与えられてきた答えを確認することにより、絶景の美学の実質が明らかになります。

絶景の美学には、二種類の独特の了解が含まれています。すなわち、絶景の美学のもとでは、①風景は、すべてが自然物からなるものであるとしても、「作品」つまり人工物に見立てられます。また、②絶景の美学は、風景を眺める意義を、新しいもの、成長しつつあるものに対する抵抗と異議申し立てに求めます。現代の風景論を、そして、和風テーマパークの際限のない複製の運動を、これら二つの了解の帰結として把握することは、決して困難ではないように思われます。この点は、第三章でもう一度お話しします。

これから詳しく述べるように、絶景の美学は、誰にとってもなじみのある見方、しかし、残念ながら、根本的に転倒した見解です。風景について何かを考えるときには、よほど警戒しないと、絶景の美学の影響を免れられません。

実際、少なくとも近代以降、風景に対するまなざしは、絶景の美学によって隅々まで支配されてきました。現代の風景論が本質において画一的であり貧弱であるのは、絶景の美学があまりに

も広い範囲において受け容れられ、そのせいで、「風景とは何か」という問いについて、これが解決済みのものであり、その答えが自明であるかのように誤って受け取られてきたからに他なりません。

「哲学的」であることを標榜する風景論についても、事情は同じです。風景の意味を哲学的な観点から明らかにする試みの多くは、風景の享受を本質的に情感的（ästhetisch）（＝美的）なものと見なす点において一致しており、このかぎりにおいて、「絶景の美学」の引力に囚われていると言うことができます。

しかし、現実には、風景の意味は自明ではないばかりではなく、風景論は、「風景とは何か」を問う段階にすら辿りついていないと私は考えます。当然、風景の意味への問いが問われないかぎり、風景の意味が明らかになることはなく、風景を経験し享受する可能性もまた閉ざされたままにとどまります。況《ま》して、生活に豊かさを取り戻すことなど、ありうべからざることであるに違いありません。

さらに、風景が差し出すはずの富を受け取るには、風景の意味を問い、風景の意味を知るだけでは十分ではありません。風景がどのように誤解され、風景の真相が隠されてきたのかを知ること、つまり、風景論の歴史を解体することもまた、避けて通ることの許されぬ大切な作業であるように思われるのです。

前に述べたように（五〇ページ以下）、私は、日本橋を覆う首都高速道路の高架橋を撤去することが不適当であると考えています。高架橋と一体となった日本橋は、時間の経過とともに、周囲との相互作用により少しずつ見慣れたものとなり、日本人の生活様式に溶け込みながら、これと同時に、構造物の方もまた、日本人の生活様式を規定しつつあるからです。

もちろん、たとえば防災上の必要があるなら、高架橋を取り除く試みは積極的に評価されるべきでしょう。この措置には、道路を拡張したり、電線を地中化したり、住宅に耐震補強を施したりするのと同じ意義があるはずです。

しかし、風景が問題であるかぎり、高架橋を撤去すべきであるという要求は斥けられねばなりません。高架橋の撤去は、構造物としての日本橋を中心とする周辺一帯のテーマパーク化を意味するものであり、地域としての日本橋が現在の東京において担う役割から乖離した空間、観光専用の空間を都心に作り出すことにしかならないからです。

テーマパーク化は、私たちの生活のための空間にとり、深刻な脅威であり続けています。というのも、風景については、次のような了解が広く受け容れられてきたからです。すなわち、風景を何らかの意味における作品と見なすこと、つまり、風景を「景観」として設計し、生産し、修復し、操作し、維持することは、ただ可能であるばかりではなく、必要ですらあると考えられてきたのです。さらに、これが風景に対する正しい態度と認められてきたのです。和風テーマパークの際限のない複製は、風景を「閉じた庭」（hortus conclusus）に見立てるこの転倒した風景観の必然的な帰結にすぎません。この点は、第三章でお話しします。

風景との関係を正常化し、風景を本当の意味において経験することが可能となるためには、何よりもまず、風景に関するこの誤解の正体を確認し、この誤解を罠と見なし、これを慎重に避けることが必要となるでしょう。

風景論の歴史を風景論の過激派を中心に眺めてみる

「風景とは何か」という問いに対し、これまでどのような答えが与えられてきたのか、言い換えるなら、風景について何が語られ、風景がどのように捉えられてきたのか、その歴史を辿るのは、困難な作業であるように見えます。少なくとも、面倒であるように見えます。なぜなら、「風景論」という言葉が指し示す範囲が曖昧だからです。風景についてこれまで語られてきたことを確認するために歴史を遡ると、どの時代のどの文献を読んでも、風景について何かが語られているような気がしてきます。また、どの時代のどの絵画も、風景画に見えてきます。

たとえば、カント(一七二四〜一八〇四年)の『判断力批判』(一七九〇年)は風景論でしょうか。表面的に眺めるなら、『判断力批判』で取り上げられるいくつものトピックのうち、風景に関係がありそうなものは「自然美」(**Naturschönheit**)です。「風景」(**Landschaft**)という言葉は、この作品では一度も使われません。それでも、近代美学の端緒を拓くこの作品を風景論の歴史に属する重要なテクストに含める人は少なくないはずです。

それでは、松尾芭蕉(一六四四〜一六九四年)の『おくのほそ道』を風景論と見なすことが可能でしょうか。たしかに、この作品は、芭蕉の風景観を反映しているように見えます。また、『判断力批判』の場合とは異なり、『おくのほそ道』では、「風景」という言葉が三カ所で実際に使われてもいます。

しかし、芭蕉の紀行文が風景論であるなら、風景論に含めることのできるテクストの範囲は、途方もなく拡大することを避けられません。自然描写らしきものを少しでも含む文学作品なら、アポロニオス・ロディオスの『アルゴナウティカ』も、ウォルター・スコットの『アイヴァンホー』も、ヨーゼフ・ロートの『ラデツキー行進曲』も、レイ・ブラッドベリの『火星年代記』も、藤沢周平の『用心棒日月抄』も、風景論として読まれねばならないことになってしまいます。

同じことは、絵画についても言うことができます。レオナルド・ダ・ヴィンチ（一四五二〜一五一九年）の有名な油彩画「聖アンナと聖母子」（一五〇八年ころ）は、普通には風景画とは見なされていません。それでも、この作品が、「モナリザ」と同じように、レオナルドに特有の遠近法を用いた背景の描写を含むことは事実です。このかぎりにおいて、この作品が作者の風景観の反映であると言えないことはありません。

とはいえ、「聖アンナと聖母子」を「風景とは何か」という問いに対する回答として受け取ることが許されるなら、遠景を含む映像は、映画、浮世絵、漫画、アイドルを主な被写体とする映像からなる写真集など、すべてが風景論の歴史を構成するテクストと見なされねばならないことになってしまいます。風景論の歴史を辿るにあたり参照すべきテクストの範囲を定め、風景論の歴史の輪廓を定めることは、容易ではないように見えます。

ただ、これは、どうしても解決しなければならない問題ではありません。というのも、幸いなことに、この困難を回避する途が私たちには与えられているからです。

参照すべきテクストを限定することができなければ、「何を風景論の歴史に含めるか」という問いに答えることは不可能であるかも知れません。しかし、「風景論の歴史の中心を占めるのは誰か」あるいは「風景論の歴史において焦点となるのはどこか」という問いの答えなら、歴史を遡ることにより、誰にでも手に入れることができます。

風景論の歴史が絶景の美学に支配されてきたという事実を考慮するなら、風景論の歴史において中心に位置を与えられねばならないのは、もちろん、絶景の美学に明瞭な表現を与えたテクストであり人物でなければなりません。そして、私たちは、このようなテクストや人物を、一八世紀後半から一九世紀初めのイングランドに見出します。この書物では、風景論の歴史に足跡を遺したこの時期の何人かの作家を一つのグループと見なし、これを仮に「風景論の過激派」と呼びます。

「過激派」の名が彼らにふさわしいと私が考えるのは、次のような理由によります。すなわち、現在に伝えられている彼らの言葉と行動に従うなら、彼らは、風景の意味に関するある明確な了解にもとづき、「風景とは何か」という問いに対し彼らなりの最終的な答えを与え、また、この答えを実地に確証することを目標として、当時としては風変わりな手段を、周囲の目に滑稽と映るほど真剣に徹底的に用いたからです。

私が「風景論の過激派」と名づける集団を代表するのは、ウィリアム・ギルピンです。ギルピンについては、あとで少しお話しします（一〇一ページ以下を参照のこと）。

イングランドの一八世紀後半から一九世紀初めを中心として風景論の歴史を眺めることにより、風景論の過去と未来を一度に見通すことが可能となります。なぜなら、絶景の美学のもっとも素朴な率直な表現がこの時代に活躍した風景論の過激派の行動と彼らの行動を支えた風景観のうちに見出されるからです。風景論の過激派が誕生するプロセスを観察し、その意味を精神史の光学のもとで理解することにより、絶景の美学の概念が明らかになるに違いありません。

大抵の場合、風景に対する態度は不真面目である

風景は、何らかの意味で価値あるものであると一般に信じられています。観光旅行やハイキングが計画されるとき、目的地として好まれるのは、「景色がよい」場所でしょう。「風景」や「景色」と呼ばれるものに何の価値も認められないとするなら、尾瀬の湿原でハイキングするのに費やされる初夏のよく晴れた日の三時間は、東京都内の薄汚れた狭苦しいスポーツジムに置かれたトレッドミルの上で過ごす三時間と交換可能になってしまいます。「歩く」という点において、両者のあいだに違いは認められないからです。

あるいは、分譲中の集合住宅の一つの階に、同じ間取りの二つの住戸があり、これら二戸のう

ち、一方からは美しい夜景が眺められるのに、もう一方からは、隣の集合住宅の壁しか見えないとします。この場合、美しい夜景が眺められる方の住戸は、美しい夜景にアクセスできるという理由のみにより、もう一方よりも高い価格で販売されるに違いありません。風景には明確な価値が認められているばかりではなく、この価値は、金額に置き換えることすら可能なものなのです。

ただ、風景や景色が現実にどれほど高く評価されているとしても、その価値の正体は、必ずしも明らかではありません。風景や景色が純粋な仕方で享受されることは滅多になく、むしろ、風景に対する私たちの態度は、大抵の場合、不真面目なものにとどまるからです。

たしかに、「風景を眺める」という表現は、「温泉に入る」「テーマパークで子どもと一緒にアトラクションの順番待ちの列に並ぶ」「土産物を買う」「レンタカーを借りる」などの表現とともに、「旅行」と呼ばれる事柄を構成する具体的なふるまいを指し示すために用いられます。そして、この文脈の内部では、「景色」「風景」「眺め」などの言葉が誤用される余地はなく、これらには明瞭な意味が与えられているように見えます。

しかしながら、旅行中に風景が経験されるとしても、この経験にハッキリした輪廓が与えられるわけではなく、これが他から区別されることもありません。風景を眺めることは、他のさまざまなふるまいと溶け合い、全体として「旅行」の名のもとに語られるべき一つの経験を形作っているにすぎないからです。

風景を眺めることは、ときには食事することの一部として、ときには遊園地でジェットコースターに乗ることの一部として、ときにはドライブすること、温泉に入ること、子どもを叱ることなどの一部として、おざなりな仕方で遂行されるような何ものかであるにすぎないのが普通です。好ましい風景のおかげで旅行が価値あるものになる可能性があるとしても、現実の観光旅行では、「風景を眺める」という表現にふさわしいふるまいが独立の純粋な形で姿を現す機会は滅多にありません。

「風景を眺める」ふるまいの輪廓を現実の観光旅行を手がかりに無理やり再構成するとしても、それは、せいぜい、「それなりに遠くにある、それなりに大きくて奥行きがある、しかも、それ自体としては必ずしも不快感を与えないような何ものかに対し、視野の多くの部分を占有させるような仕方で視線を向ける行動」(?)以上ではないように思われます。しかし、「風景を眺める」と名づけられるふるまいを動作としてこのように外側から描写することは、風景の意味や価値について何も教えてはくれません。

風景に認められている価値の大半は記憶の「よりしろ」としての価値である

風景の経験は、誰にとっても、容易には失われることのない思い出を構成する要素となりうるものであると一般に認められています。ただ、風景が記憶に残るとしても、それは、大抵の場合、風景がそれ自体として五感に訴える魅力を具えているからではありません。むしろ、同じ風景を一緒に眺める他人、たとえば友人、家族、恋人などが私にとって大切な存在であり、景色のよい場所を一緒に訪れる経験が大切な他人との共通の記憶となることにより、風景もまた、そのようがとして忘れられないものとなるのです。

何らかの仕方で再生されて他人から承認されないかぎり、記憶には何の価値もありません。いや、正確に言うなら、再生されない記憶なるものは、記憶ですらありません。過去というのは、何らかの仕方で想起され、語られ、承認され、共有され、更新されることにより初めて本当の意味における過去となり、一人ひとりの経験となり、人生に奥行きを与えるものなのです。ただひとりで旅行したあと、自分の経験を誰かに語ってみたくなることが少なくありませんが、それは、旅行の経験が表現と共有を要求するからであると考えることができます。

この意味で、私にとって大切な誰かと行動をともにし、思い出を分かち合うこと、思い出をともに語り合うことには、特に重要な意義が認められるべきでしょう。配偶者や長年の友人が世を去ったり認知症を患ったりするとき、あるいは、失恋するとき、私がさびしい思いをする主な原因の一つは、二人が、二人だけが共有するはずの記憶を再生し更新する場が失われ、私の記憶の一部が、したがって、人生の一部が永久に葬られる点に求めることができます。風景を眺めることが観光旅行の重要な要素と見なされ、高い価値がこれに認められてきたのは、人生経験を構成する記憶の「よりしろ」としての役割が風景に期待されてきたからであるに違いありません。

たしかに、風景は、記憶の「よりしろ」となることにより、私たちにその真相を差し出します。この点は、最後に簡単にお話しします（二一三ページ以下）。ただ、大切な他人と一緒に景色のよい場所に出かけることの意義は、この書物が主題的に取り上げる風景の問題とはさしあたり関係がありません。両者は厳密に区別されることが必要であり、「風景とは何か」という問いは、あくまで独立の問いとして問われねばならないように思われます。

残念ながら、風景と直接に向き合う機会があり、風景を眺める動作が可能となるとしても、さらに、旅先で出会われる風景が、たとえば兵庫県朝来《あさご》市にある竹田城跡を包む美しい雲海のような魅力的なものであるとしても、風景に向けることができる注意など、儚《はかな》く無力なものにすぎないのが普通です。

風景が問題であるかぎり、私がこれに注意を集中させることができるのは、ゼロにかぎりなく近いわずかな時間であり、大抵の場合、風景に対する私の注意は、風景とは何の関係もない無数の散文的な気がかりによって脅かされ、心から簡単に放逐されてしまいます。「どこで写真を撮ろうか」「誰に土産物を買って帰ろうか」「昼食は何にしようか」「子どもたちが退屈して暴れださないだろうか」「予約していた乗馬体験教室に間に合うだろうか」「温泉に入るのにいくらかかるんだっけ」「どうして女房は今朝から機嫌が悪いんだろう」……、このような気がかりにつきまとわれているうちに、風景への注意など、いつのまにか失われてしまうでしょう。私の生活を構成する無数のふるまいから区別された風景の純粋な享受というのは、形式的には想定可能であるとしても、少なくとも現実の生活の内部では、自然な形で姿を現すものであるとは言えないことになります。

風景論の過激派は「風景の経験のミニマム」を命がけで追求した

これに対し、この書物が仮に「風景論の過激派」と名づける作家たちの風景に対する態度は真剣であり、この点において、現代の平均的な観光客の態度と際立った対照をなしています。不幸なことに、彼らの努力は、風景の意味の理解に関するかぎり、最初から最後まで誤った方向を指し示しています。彼らの思索は、内容の点では弁護の余地のない失敗と見なされねばなりません。

それでも、彼らの名誉のために言っておくなら、風景論の過激派が風景の純粋な享受、いわば「風景の経験のミニマム」を命がけで追求したのは事実です。また、みずからが風景観に新しい地平を切り拓いたという彼らの確信も、真面目に受け取られねばなりません。風景論の歴史において、「風景とは何か」という問いを自分自身のアイデンティティにかかわる深刻な問いと見なし、これをエクスプリシットな形で引き受けたのは、彼らだけです。彼らのこの確信と決意は、高く評価されるべきであると私は考えます。

「風景論の過激派」と私が呼ぶ作家たちの行動と発言は、近代における風景論の歴史において特別な位置を与えられるべきものです。風景論の歴史全体を見通しのよいとは言えぬ山道に喩えるなら、風景論の過激派は、この山道にある峠の展望台に当たります。

風景論の過激派という峠に身を置くことにより、風景論がそれまで歩んできた道、そして、風景論がその後に歩むことになる道を両《ふた》つながら一望することが可能となります。彼らの立場は、彼ら以前の風景論の歴史の要約であるとともに、彼ら以後の風景論の原型としても理解可能であり、彼らの行動と発言に光を当てることにより、絶景の美学の輪廓が明らかになり、また、風景の意味がどのように問われてはならないのかがわかるからです。この作業は、風景論の歴史を解体することにより、風景の意味を解明する試みをその境域へと否定的な仕方で還帰させる手がかりとなるに違いありません。

絶景の美学の誕生、完成、変質を六段階に区分する

一八世紀後半から一九世紀初めの風景論の過激派を中心として絶景の美学を眺めることにより、風景論の歴史は、大きく六つの段階に分かたれます。

なお、これから少し立ち入って述べるように、この区分を前提とするかぎり、風景論の歴史において振り返る価値があるのは、一六世紀末から一九世紀初めの約二〇〇年間となります。換言すれば、これ以前の時代に成立したテクストの中には、風景論の歴史を形作る不可欠の要素となるようなものはなく、また、一九世紀半ば以降の風景論、そして、ヨーロッパ以外の地域における風景論は、一九世紀初めまでのイングランドで産み出された言説の反復ないし変奏として理解するのが適切であることになります。

そこで、絶景の美学の六つの段階のそれぞれを説明する前に、それぞれの概略をあらかじめ記

しておきます。

第一段階：landscapeという名詞が作られる

一六世紀末、オランダ語の名詞landschapをもとに、landscapeという英語の名詞が作られます。この名詞が最初に指示していたものは風景画でした。

第二段階：picturesqueという形容詞が作られる

一八世紀初めまでに、picturesqueという形容詞がイタリア語のpittorescoにもとづいて作られます。この形容詞が指し示すピクチャレスクとは、風景画を評価する尺度であり、その事実上の範例は、主にイタリアの風景画に求められました。

第三段階：イギリス風景式庭園が誕生する

一八世紀前半、イギリス風景式庭園がイングランド各地で造られます。これは、ピクチャレスクなものを産み出す試みであり、その実質は、現物を用いて三次元空間に再現された風景画（またはその画廊）でした。風景画を評価する尺度であったピクチャレスクは、庭園を評価する尺度へと転用されます。

第四段階：風景の観念が生れる

庭園を評価する尺度となったピクチャレスクは、一八世紀後半、人工的な自然としての庭園から、「なま」の自然へと適用範囲を拡大させ、「なま」の自然のうちに認められたピクチャレスクなものが「風景」となって風景画から区別されます。風景は、自然の眺めから切り取られたピクチャレスクな風景画と見なされることになります。

第五段階：風景論の過激派が登場する

一八世紀後半、風景の観念の誕生とともに、自然のうちにあるピクチャレスクなものの蒐集を唯一の目標とするピクチャレスクな旅が風景論の過激派によって敢行されます。自然に向けられた滑稽なほど真剣なまなざしが彼らの特徴です。

第六段階：ピクチャレスクの反作用的性格が顕著になる

一八世紀末から一九世紀初め、ピクチャレスクの変容が始まり、絶景の美学の本質的に反近代的な性格が明らかになります。すなわち、ピクチャレスクなものとは産業革命以前の時代に由来するものであることが直接にも間接にも語られ、ピクチャレスクなものは、「ゴシック」「中世」などの文脈の内部に位置を与えられるようになります。

第一段階：landscapeという名詞が作られる

最初は、風景画を意味した

これから、landscapeという語の誕生を起点として、ピクチャレスクの観念を中心に絶景の美学の歴史を辿ります。そして、風景論の過激派が見出したと信じた「風景の経験のミニマム」の正体を明らかにします。

一六世紀末から一七世紀初め、イギリスにおいてlandscapeという言葉が使われるようになります。『オクスフォード英語辞典』（*Oxford English Dictionary*）のlandscapeの項目では、もっとも古い用例は、一五九八年の文献から採られています。このlandscapeは、オランダ語の名詞**landschap**に由来する語であり、厳密に考えるなら、英語にとっては外来語に当たります。

ところで、landscapeという語を目にして現代の日本人の心に即座に浮かぶのは、「風景」「景観」「景色」などの名詞です。しかし、この時期の文献に現れるlandscapeに対し「風景」「景観」「景色」などの訳語を機械的に適用することはできません。この言葉が英語の世界に姿を現したとき、これが表面的に指し示していたのは、現代の日本人なら「風景画」と呼ぶはずのものだからです。landscapeのもとになったオランダ語の名詞landschapが風景画を指し示していたのです。

『オクスフォード英語辞典』では、見出しとなる語に複数の意味があるときには、語義は、時間の順序に従い原則として古い方から排列されます。landscapeの場合、複数の語義のうち最初に掲げられているのは次の説明です。すなわち、「陸上の自然の眺め（natural inland scenery）を描写する絵画で、海景画、肖像画などから区別される」、これがlandscapeに最初に与えられた意味です。一五九八年の文献から採られたもっとも古い用例は、この説明に添えられているものです。なお、この説明から、都市の眺めを描く絵画がlandscapeには含まれなかったことがわかります。

風景と風景画は厳密には区別されえない

とはいえ、ここには、一つの微妙な問題が認められます。右に記したように、英語の名詞landscapeの最初期の用例が「風景画」という訳語にふさわしいものであり、これを「風景」と訳すわけには行かないとしても、だからと言って、「landscapeの最初の意味は風景ではなく風景画である」と素朴に考えることはできない点です。

「landscapeの最初の意味は風景ではなく風景画である」という主張が妥当であるためには、「風景から区別された風景画」ばかりではなく、この意味におけるlandscapeとは矛盾する観念、つまり「風景画から区別された風景」の観念とこれを表現する言葉を、landscapeという名詞が作られた時代の英語の語彙のうちに確認することが必要となります。しかし、当時の英語には、「風景画から区別された風景」「風景から区別された風景画」をそれぞれ文脈から独立に指し示す語はありません。二つの観念はいずれも、当時のイギリス人には未知のものであったと考えるのが自然です。

もともと、英語は、view、scenery、sight、prospect、regionなど、風景を含むさらに多くの種類の映像またはその内容を大雑把に指し示す複数の表現を持っています。現代の日本人なら「風景」と名づけるはずのものは、右に挙げた語の指示対象が複雑に重なり合う範囲のどこかにあり、しかも、固有の名称や規定を欠いていたと言うことができます。したがって、landscapeの最初の意味については、これを「風景から区別された風景画」として理解するのではなく、むしろ、「landscapeという語がさしあたり指し示していたのは風景画であり、しかも、語の実際の使用において風景画と『風景画に描かれた眺め』は厳密には区別されていなかった」と理解するのがふさわしいように思われます。landscapeという語が使われるときには、大抵の場合、藝術作品のジャンルとしての風景画ばかりではなく、風景画に描かれた何らかの眺めもまた同時に想起されていたはずです。

たとえば、ピーテル・ブリューゲル（一五二五ころ～一五六九年）の手になる油彩画の一つには、「鳥の罠のある冬の風景」という標題が与えられています。冬の風景は、一六世紀を中心とするフランドル絵画で大変に好まれたテーマの一つであり、ブリューゲルとともに、同時代の多くの画家が冬景色を作品に表現しています。「冬の風景」というのは、作品の標題であるばかりではなく、ジャンルの名でもあったことになります。

そして、このような事実は、作品の標題に含まれる「風景画／風景」(landscape)という語が物体や作品のジャンルとしての風景画ばかりではなく、これと併せて、作品に描かれた眺め、つまり、雪に覆われた集落の家々、集落の中心を流れる凍結した川の上で遊ぶ子どもたちなど、作者のまなざしに漠然と捉えられ、作者によって写し取られた遠景もまた同時に指すことを物語ります。風景と風景画を厳密に区別することは、不可能であるに違いありません。

英語の landscape に対応する西洋近代各国語の名詞、たとえばフランス語の paysage、ドイツ語の Landschaft、イタリア語の paesaggio、そして、もちろん、landscape のもとになったオランダ語の名詞 landschap などはいずれも、英語の landscape よりも少し早くから使われ、すでに一六世紀前半の文献にはこれらの語の用例を見出すことができますが、用法について違いはありません。landscape およびこれに対応する名詞は、もともとは美術用語でした。なお、オギュスタン・ベルクによれば、中国語の名詞「風景」もまた、右に挙げた西洋近代各国語の名詞と同じように、風景画を意味する言葉として姿を現したようです(『風土の日本』〔篠田勝英訳、ちくま学芸文庫〕を参照のこと)。

第二段階：picturesqueという形容詞が作られる

この形容詞はイタリア語に由来する

一六世紀末、landscapeという名詞が英語の世界で初めて使われたとき、この言葉に与えられたのは、風景画を指し示す用法です。しかし、landscapeは、「風景から区別された風景画」を意味していたわけではありません。風景画は、風景画に描かれた眺めから区別されることなく、landscapeの一語によって表されていたと考えるべきでしょう。

ところで、藝術作品としての風景画と風景画に描かれた眺めがlandscapeと呼ばれるようになってから約一世紀ののち、一八世紀初め、もう一つの新しい言葉が英語の語彙に取り入れられ、landscapeの運命に影響を与えます。「ピクチャレスク」（picturesque）という形容詞が作られたのです。『オクスフォード英語辞典』は、一七一二年に認《したた》められたと推定される詩人アレグザンダー・ポープ（一六八八～一七四四年）の書簡からこの語のもっとも古い用例を採っています。

landscapeがオランダ語に由来する言葉であったのに反し、「ピクチャレスク」の起源はイタリア語にあります。「ピクチャレスク」のもとになったのは、イタリア語の形容詞pittorescoです。

pittorescoは、画家を意味する名詞pittoreをもとに作られた形容詞です。したがって、語の由来に忠実に従うなら、この形容詞は、「画家にふさわしい」ことを意味するはずです。

しかし、語の実際の使用の場面では、pittorescoは、絵画を意味する名詞pitturaから派生した形容詞と見なされ、「絵のような」という意味を与えられてきました。pittorescoから作られた英語の形容詞picturesqueの綴りには、pittorescoの形式的な意味ではなく、その実際の意味の方が反映されています。そして、このような事情を考慮するなら、「ピクチャレスク」は、「絵のような」と訳すことが可能です。

ただ、風景論の文脈において用いられる「ピクチャレスク」は、絵のようであることを意味するばかりではありません。もちろん、「ピクチャレスク」には、絵画以外の何ものかについて、これが何らかの意味で絵に似ていることを表現するために使われる場面がないわけではなく、実際、これが「ピクチャレスク」の最初の用法でした。

しかし、私たちの注意を惹くのは、このような表面的な意味ではなく、主にlandscapeをめぐる文脈においてこの形容詞が使われるときに与えられた含みの方です。というのも、この含みは、もとになったイタリア語のpittorescoにはないものだからです。pittorescoがpicturesqueの訳語として使われるというきわめて特殊な場合を除けば、これは、英語の「ピクチャレスク」にのみ認められるものです。

pictureとは風景画のこと

「ピクチャレスク」という形容詞の用法の際立った特徴は、この語が風景画との関連において意味を与えられる点にあります。すなわち、「ピクチャレスク」は、風景画が風景画であるための条件を言い表す述語として使用することができるのです。一八世紀初めの知的公衆のあいだでは、風景画の本質は、ピクチャレスクであることに求められていたのです。

ただ、「風景画の本質はピクチャレスクにある」という文を耳にするとき、私たちは誰でも、深刻な居心地の悪さに襲われるはずです。形式的に考えるなら、「ピクチャレスクな風景画」という表現は、「IT技術」や「排気ガス」と同じように、明らかな重言だからです。藝術作品としての風景画は、すぐれたものであるかつまらないものであるかには関係なく、その都度あらかじめ「絵のようである」に決まっています。いや、絵のようである以前に、「絵」以外であることなど不可能です。

風景画に描かれた眺めについても事情は同じです。一幅の絵画へとすでに写し取られている以上、それは、絵のようである他はないに違いありません。美しい絵画を前にして、「これはまるで絵のように美しい絵じゃないか!」と感嘆するなど、ありうべからざることでしょう。

しかし、「ピクチャレスク」の実際の用法に従うなら、風景画をピクチャレスクと表現することは、必ずしも重言ではなかったことがわかります。

たしかに、表面的には、「ピクチャレスク」は、絵のようであることを意味します。したがって、この形容詞が使われるときには、何らかの「絵」(picture)が参照されていたはずです。もちろん、この場合の「絵」が絵画一般であるなら、「風景画」と「ピクチャレスク」の結びつきは重言になることを避けられません。しかし、少なくとも一八世紀初め、この言葉が知的公衆の前に最初に姿を現したとき、「ピクチャレスク」という語の使用が前提とする「絵」として漠然と想定されていたのは、絵画一般ではなく、風景画、風俗画、歴史画など、特に一七世紀のローマを中心とするイタリアにおいて特定の画家たちによって製作された作品でした。

「ピクチャレスク」がイタリア語に起源を持つのは偶然ではありません。むしろ、少なくとも一八世紀前半には、この形容詞は、主にイタリアの美術との関連において使用されていたのです。「ピクチャレスク」が主にイタリアの特定の画家たちの作品との関係において使用された形容詞であるという事実から、これらの作品が風景画を評価する際の範例の役割を担うものであったことがわかります。これらの作品を想起させるものはすべてピクチャレスクであるという了解が一八世紀前半までに形作られていたことになります。

ただ、念のために言っておくなら、少なくとも一八世紀には、ピクチャレスクであることは、風景画が風景画であるための条件でした。風景画に分類される作品の一つひとつがピクチャレスクを尺度とする評価の対象となることはなかったはずです。言い換えるなら、ピクチャレスクという性格を欠いたものは、最初から風景画とは見なされなかったと考えるのが自然です。一九世紀初めまでの英語の文献で picturesque landscape という表現に出会うことがあるとしても、やはり、それは、「ピクチャレスクな風景画」ではなく「ピクチャレスクな風景」と訳されるべきものであるに違いありません。

私が調べることのできた範囲では、landscape の修飾語として形容詞 picturesque が使われた最初の例は、一七六八年に公刊された『サウサンプトン案内　街の昔と今の様子の説明』（*The Southampton Guide: or, An Account of the Antient and Present State of That Town*）という一種のガイドブックに見出すことができます。しかし、この書物が landscape という言葉で指し示すのは、風景画ではなく風景の方です。すなわち、著者は、サウサンプトンのある地点からの「眺め」（Prospect）に関する簡単な説明のあと、この眺めが差し出すものについて「本当にピクチャレスクな風景」（Landscape truly picturesque）という表現を用います。

ただ、このガイドブックの著者は、この表現を用いた直後に、のちにお話しするクロード・ロランを始めとする複数の風景画家や版画家の具体的な名を挙げてその作品を読者に想起させます。さらに、目に映るものを風景画に見立てる可能性に繰り返し言及してもいます。このような事実により、少しあとで詳しく述べるように、風景の享受にとり、風景画との重ね合わせが必須であったことがよくわかります。

それでは、なぜ風景画の範例が主にイタリアで製作された作品に求められたのか。また、なぜ風景画の目指すべきものの名がイタリア語に起源を持つのか。このような点について大雑把な見通しを手に入れるには、「ピクチャレスク」という語の流通の背景に、当時のイタリアとイギリスを結びつける文化的、社会的な慣習を確認するのが捷径《しょうけい》です。

グランド・ツアーがイギリスに与えた影響

「グランド・ツアー」(Grand Tour)は、もっとも広い意味では、ルネサンス以降のヨーロッパで試みられた長期間、長距離の旅行を指します。しかし、一般に「グランド・ツアー」の名で呼ばれているのは、一七世紀後半から一八世紀にイギリスの上流階級の子弟が試みたヨーロッパ旅行です。この意味でのグランド・ツアーは、彼らにとっては、国内での教育の仕上げのような位置を与えられた一種の研修旅行であり、これには膨大な時間と費用と人手がかかるのが普通でした。出発から帰国までの期間は、短くても約一年、ながい場合には一〇年近くにおよぶことがあったようです。

上流階級の若者は、家庭教師や召使いなどにともなわれてイギリスを出発し、フランスに渡ります。その後、パリにしばらく滞在してから、場合によってはドイツ、スイス、オーストリアを経由し、文化的な先進国であったイタリアへ向かい、そして、アルプスを南に越え、アペニン半島を北から南まで、各地の都市に作られていたイギリス人コミュニティに立ち寄りながら縦断します。これがグランド・ツアーの標準的なルートでした。

半島を南へ下る旅行者たちの最終的な目的地はナポリです。ナポリには、イギリス領事が駐在しており、グランド・ツアーでナポリを訪れる上流階級の子弟を迎えるのは、領事の重要な仕事の一つでした。

一八世紀後半、三〇年以上にわたり領事としてナポリに駐在したウィリアム゠ダグラス・ハミルトン（一七三〇〜一八〇三年）は、ポンペイやヴェスヴィオ火山に関する研究を発表するとともに、ナポリに滞在する旅行者のためのサロンを主催してイタリア文化をイギリスに伝える役割を担ったことで特に有名な存在です。アメリカの作家スーザン・ソンタグは、ハミルトンを主人公とする長篇小説『火山に恋して』（*The Volcano Lover*）を遺しています。なお、当時は、ナポリよりさらに南、たとえばシチリアまで足を延ばす旅行者は多くはありませんでした。

上流階級の子弟には、家庭教師や召使いなどとともにイタリア各地を旅しながら、古典古代とルネサンスの文化に直に触れて勉強するとともに、人生経験を積み、立派な紳士となることが期待されていました。ただ、実際には、イタリアかぶれの単なる「遊び人」になってイギリスに戻る者は少なくなかったようです。

思想史的に見るなら、このグランド・ツアーには、イギリスとフランスの知識人の交流を賦活する効果を認めることができます。イギリスには、家庭教師としてグランド・ツアーに随行する名目でフランスに渡る者が多かったからです。有名なのは、『道徳感情論』と『国富論』によって知られる哲学者アダム・スミス（一七二三〜一七九〇年）です。家庭教師には高額の手当が支給されたらしく、スミスは、グラスゴー大学教授の職を辞し、ヘンリー・スコット（第三代バクルー公爵）の家庭教師となってフランスに渡ります。ただ、このグランド・ツアーは、肝心のイタリアを旅程に含まないものでした。

もちろん、随行した者たちばかりではなく、旅の本来の主役である上流階級の人々もまた、無視することのできない成果を大陸から持ち帰ります。いわゆる「五賢帝」時代から東ローマ帝国の滅亡（一四五三年）までの「ローマ帝国」の「衰亡」をテーマとする大著『ローマ帝国衰亡史』は、著者である歴史家エドワード・ギボン（一七三七〜一七九四年）の約二年間のグランド・ツアーでの見聞、特にローマでの体験が刺戟となって生れたものです。これは、イギリス文化におけるグランド・ツアーのもっともわかりやすい成果の一つであると言うことができます。

イタリアの風景画が範例となる

とはいえ、グランド・ツアーの影響は、歴史叙述ばかりではなく、文学、美術、音楽、建築など、文化の広い範囲に及びます。旅から戻った者たちは、グランド・ツアーの体験を共有する「ディレッタント」（dilettante）——この言葉自体、イタリア語で愛好家を意味する名詞 **dilettante** に由来します——として緩やかなサークルを形成し、旅の成果を新しい段階へと引き上げます。そして、このような状況のもとで、「ピクチャレスク」の語が作られ、同時代の文化的な環境の内部において強い磁力を持つ観念へと成長します。

一七世紀のイタリアでは、自然描写を得意とする多くの画家が活動していました。この中には、歴史的に重要な作品を遺した人物が少なくありません。

これらの画家の手になる作品の多くは、聖書あるいは古代史を題材とする古典主義的な作風を特徴とするものであり、広い意味における歴史画に分類されます。ただ、これらの画家の作品がイギリス人たちの目に魅力的なものと映ったのは、古典主義的な歴史画だからであるというよりも、むしろ、いかにもイタリア的という印象を与える自然、人物、構造物などによって作品の背景が満たされていたからであるに違いありません。

イタリアを旅したイギリス人の注意を特に惹いたのは、また、彼らの注意を惹くことにより歴史に名を遺したのは、ローマを拠点として活動する画家たち、ニコラ・プッサン（一五九四〜一六六五年）、サルヴァトール・ローザ（一六一五〜一六七三年）、ガスパール・デュゲ（一六一五〜一六七五年）などです。これらのうち、プッサンとデュゲは、イタリア人ではなくフランス人です。

イギリス人たちは、イタリアにおいて彼らの作品に触れ、場合によっては、彼らの作品をイギリスへと持ち帰ります。ヨーロッパを始めとする世界各地の美術館に所蔵されているこれらの画家の作品の多くは、イギリス人の手でイタリアから持ち出されたものです。

また、これらの作品の模写も積極的に試みられました。風景画を評価する尺度が成立するにあたり、事実上の範例の役割を担ったのは、主にこれらの画家の作品だったのです。

図5　クロード・ロラン「羊飼いたちのいる風景」（1645年）

クロード・ロラン――イタリア的なものの詰め合わせ

しかし、ピクチャレスクの観念の成立に対し彼ら以上に重要な影響、ある意味では決定的な影響を与えたのは、右に挙げた画家たちと同時代の、やはりフランス出身の画家クロード・ロラン（一六〇四ころ～一六八二年）の作品です。クロード・ロランは、一七世紀初め、フランス東部のロレーヌ地方に生まれました。「ロラン」というのは、本当の名字ではなく、彼がロレーヌ地方の出身であることに因んで与えられた呼び名です。本名は、クロード・ジュレと言います。

クロード・ロランは、ごく若いころに故郷を離れてナポリに移ってから、画家としての修業時代を含め人生の大半をイタリアで過ごします。その作品の多くは、神話や歴史に題材を求めたものであり、しかも、実際に描かれているのは、いかにもイタリア的な、しかし、現実にはどこのものでもない架空の場所の眺めの「詰め合わせ」であることが少なくありません。現在では、このような架空の場所の眺めは、一般に「理想風景」（ideal landscape）と呼ばれています。

そして、そのせいなのでしょう、彼の作品は、イギリス人たちの目に模範的な風景画と映ることになったようです。「ピクチャレスク」の語は、クロード・ロランに代表される画家たちの描く風景画との類似を意味する表現として英語の語彙に取り入れられ、彼の名は、少なくとも一八世紀末までは、ピクチャレスクをテーマとする文章において特別な敬意とともに繰り返し言及されます。

のちに少し述べるように、ピクチャレスクは、一八世紀末から一九世紀初めの短いあいだに、意味と指示対象の両方に関し大きな変化を経験します。具体的に言うなら、ピクチャレスクは、古典主義的な美の尺度からロマン主義的、ゴシック的な趣味の反映へと役割を変え、それとともに、ピクチャレスクとイタリアの接点が失われ、古典主義的な理想風景の手本であったクロード・ロランの作品もまた、ピクチャレスクの事実上の範例の役割を終えることになります。

「ピクチャレスク」という形容詞が英語の語彙に新たに加えられたとき、この語の使用において暗黙のうちに参照されていた「絵」とは、風景画、特にローマを中心とするイタリアで活躍していた風景画家たちの作品であり、グランド・ツアーの途上にある旅行者たちの目にとまった風景画です。ピクチャレスクの観念は、彼らの作品を事実上の範例として作り上げられます。イタリア語との関連を想起させる「ピクチャレスク」が風景画の本質の名として選ばれたのは、ごく自然な成り行きであったに違いありません。ピクチャレスクの観念は、上流階級の子弟によって持ち帰られたクロード・ロランに代表される古典主義的な風景画とともに、イギリスの知的世界に受け入れられて行きます。

第三段階：イギリス風景式庭園が誕生する

風景式庭園と整形式庭園

グランド・ツアーを経験した旅行者たちは、ピクチャレスクの観念をイタリアで発見してこれに価値を認めます。そして、彼らは、帰国後、みずからの邸宅をイタリアの風景画家たちの作品、あるいはこれを模範とするピクチャレスクな風景画で飾ります。

しかし、これらの風景画は、単なる受動的な鑑賞の対象であるばかりではなく、これを観る者に次の段階へと進むことを促す刺戟としても作用します。ピクチャレスクなものの受容は、ピクチャレスクを評価の尺度とする新たなジャンルの藝術作品の製作へと上流階級の人々を促すことになるのです。

彼らが具体的に試みたのは、自分たちの所有する土地に庭園を造ることです。これが一八世紀前半に誕生した有名な「イギリス風景式庭園」（English landscape garden）です。

風景式庭園が生れるまでの約一〇〇年間、イギリスを含むヨーロッパにおける庭園の支配的な様式は、「整形式庭園」（formal garden）でした。「フランス式庭園」（French garden）という別名からわかるように、これは、フランスに起源を持つスタイルの庭園です。ヴェルサイユ宮殿の庭園が典型的に示すとおり、起伏の少ない平坦な土地、見通しのきく構造物の配置、大規模な噴水、人工的な形状に剪定された樹木など、「なま」の自然のうちには決して現れることのない「幾何学的」な空間が整形式庭園の際立った特徴をなしています。

イギリスで生れた風景式庭園は、これとは趣を異にします。イングランド南部のバッキンガムシャーにあるストウ・ハウス（Stowe House）の庭園群は、初期の風景式庭園を代表する大規模な作品です。これは、一八世紀前半、造園家のウィリアム・ケント（一六八五ころ〜一七四八年）によって最初に設計され、その後、何人もの造園家によって長期間にわたり繰り返し手を加えられて完成したものです。写真によって誰でも確認することができるように、この庭園は、少なくとも表面的には、「なま」の自然が庭園に取り込まれたかのような印象を与える点で、整形式庭園といちじるしい対照をなします。

ただ、表面的な差異にもかかわらず、両者の目標の違いは、本質においては必ずしも明瞭ではありません。むしろ、二つのタイプの庭園の目指すところには大きな共通点があると私は考えます。この点については、ここで簡単に説明したあと、次の章でもう一度取り上げます。

図6　ホークウェル・フィールド（ストウ・ハウス）
©Graham Horn

風景式庭園は自然讃美とは関係ない

整形式庭園と風景式庭園の外観の違いは、「なま」の自然の評価をめぐる差異の反映として受け止められることが多いようです。たしかに、整形式庭園が人工の秩序を自然に対しわかりやすい仕方で押しつけるものであるのに対し、風景式庭園の方は、自然の「なま」の姿の再現という印象を観る者に与えます。私たちは、この表面的な印象に満足してしまうかも知れませんし、実際、このような意見は、風景式庭園をテーマとする文献においてときどき姿を現します。

しかし、このような見方は、必ずしも妥当ではありません。いや、設計における理想は今は措き、現実の庭園と自然の関係に範囲を限るなら、これは、基本的に誤りと見なされねばならないでしょう。というのも、風景式庭園の設計がさしあたり目指したのは、「なま」の自然の再現ではなく、風景画において表現されたピクチャレスクなものの再現だからです。

この時代のイギリスの知的世界には、自然を神の手になる藝術作品と見なし、自然に内在する秩序を讃美する「自然神学」的な試みが散見します。当然、このような自然讃美は、風景式庭園と無縁ではありません。一八世紀のイギリスの知的世界の広い範囲に認められる神学的な自然讃美は、シャフツベリ（アンソニー＝アシュレー・クーパー）（一六七一～一七一三年）によって代表させられるのが普通であり、特に、風景式庭園の成立に刺戟を与えた存在として、一八世紀の作家ジョゼフ・アディソン（一六七二～一七一九年）を無視することはできません。

様式としての風景式庭園の成立が、シャフツベリやアディソンに代表される神学的な自然讃美に支えられていることは確かであり、また、このような自然観が、風景論の過激派の発言と行動、そして絶景の美学の成立に影響を与えたこともまた事実です。ただ、現実の風景式庭園の設計や製作が目指していたことは、このような神学的な自然讃美とは直接には関係がありません。

風景式庭園は三次元空間に現物で再現された実物大の風景画

むしろ、風景式庭園は、「なま」の自然を模範として造られたのではなく、風景式庭園と「なま」の自然は、最初から区別されていたと考えるべきです。なぜなら、風景式庭園とは、「なま」の自然の人工的な再現ではなく、ピクチャレスクなものへの欲求から生れた様式だからです。また、特定の画家たちの手になる作品がピクチャレスクの事実上の範例である以上、庭園の設計と製作にあたりモデルとなるものは、「なま」の自然ではなく藝術作品としての風景画とならざるをえません。表現を更《あらた》めるなら、現物を素材とする実物大の風景画を三次元空間に再現することが庭園の設計の目標であり、製作の目標でした。

この点は、一八世紀の造園家たちの言葉によって容易に確認することができます。たとえば、詩人であり造園家でもあるアレグザンダー・ポープには、「庭を造るとは風景画を描くことと同じである」(all gardening is landscape painting)という典拠の明らかではない言葉が帰せられています。また、同じように詩人であり造園家でもあるウィリアム・シェンストーン(一七一四〜一七六三年)は、死後に公刊されたある遺稿において、次のように語ります。

風景(landskip)にはカンヴァスに描かれた絵画を形作るのに十分な多様性が含まれていなければならない。そして、私の意見では、風景画家は造園家が意匠を教えてもらうのにもっともふさわしい者だから、これは、なかなかよい基準であると言える。(「造園に関する断想」〔一七六四年〕)

また、同じ遺稿には、次のような言葉も記されています。

私は「風景=造園家」(landskip-gardiners)という言葉を使ってきた。それは、造園における現在の趣味にもとづくかぎり、すぐれた風景画家はいずれも、意匠を教えてくれるのにもっともふさわしい者に見えるからである。(同右)

誰でもわかるように、風景式庭園の外観が自然にどれほど近いとしても、自然に手を加えることなくこれを放置しただけで、風景式庭園がおのずから出来上がるわけではありません。芝生や林のような大きな自然物ばかりではなく、クロード・ロランに代表される風景画に必須の小道具、たとえば、小川、池、四阿《あずまや》などもまた、風景式庭園には不可欠の要素であり、現実に、このようなものはすべて、全体としての眺めの観点から、慎重な計画にもとづいて配置されています。

たしかに、整形式庭園の場合とは異なり、風景式庭園の特徴は、その「自然らしさ」にあります。また、風景式庭園の発展の歴史が何らかの意味における自然らしさの追求の歴史であることも事実です。(この点については、安西信一『イギリス風景式庭園の美学 「開かれた庭」のパラドックス』〔東京大学出版会〕を参照のこと。)

けれども、そこに見られる自然は、あくまでも自然らしく見えるよう工夫された「人工的な自然」であり、放置された「なま」の自然ではありません。実際、人工的な自然に自然らしさを与えるために造園家たちが参照したのは、「なま」の自然ではなく、人工物としての風景画でした。自然らしく装われた人工的な自然は、決して「なま」の自然ではありません。「化粧していないという印象を与えるよう化粧を工夫すること」が「化粧しないこと」から区別されねばならないのと事情は同じです。

風景式庭園が「現物を用いて三次元空間に再現された実物大の風景画」であるなら、当然、庭園を評価する尺度と風景画の評価のための尺度のあいだに違いなど認められるはずはありません。風景画の本質がピクチャレスクであることに求められるかぎり、これと同じように、庭園もまた、本質的にピクチャレスクな作品であるはずです。風景式庭園の誕生とともに、ピクチャレスクという尺度は、庭園の評価へと転用されることになります。

第四段階：風景の観念が生れる

ピクチャレスクの観念の共有

一八世紀半ば、風景式庭園が誕生するとともに、藝術作品を評価する尺度としてのピクチャレスクは、適用される範囲を風景画から庭園へと拡げます。もちろん、庭園の評価にピクチャレスクという尺度が適用されるに当たり、風景画家たちの作品を事実上の範例とする点は、さしあたりそのまま受け継がれます。両者は、本質において何ら異なるところなどないはずだからです。この点は、前に挙げた当時の造園家たちの言葉によって確認することができます。

絵画や彫刻の名作、聖書の有名な場面の記述などを実物や生身の人間を素材として舞台の上で再現する試みは、ルネッサンス以降のヨーロッパにおいてよく知られた見世物でした。これは、フランス語で「タブロー・ヴィヴァン」(tableau vivant)と呼ばれ、この「タブロー・ヴィヴァン」には「活人画」という訳語が当てられるのが普通です。見世物としてのタブロー・ヴィヴァンがもっともさかんに試みられたのは一九世紀であり、舞台上での再現ばかりではなく、藝術写真の分野にもタブロー・ヴィヴァンは取り入れられました。

もともと、アリストテレスの『詩学』における規定を俟つまでもなく、藝術作品とは、根源的な真理を暴露してこれに表現を与えるものです。そして、タブロー・ヴィヴァンは、本質的に、現物を用いた藝術作品のコピーです。藝術作品とタブロー・ヴィヴァンのあいだに見出されるこの関係は、風景画と風景式庭園のあいだにもまた同じように認められます。すなわち、風景式庭園が三次元空間に再現された風景画であるなら、これは、風景画をモデルとするタブロー・ヴィヴァンであり、日本語に無理やり置き換えるなら、「活景画」(?)と名づけることのできるようなものだったのです。

一八世紀前半、風景式庭園がイギリスの各地で製作されるようになるころまで、ピクチャレスクの観念は、したがって、ピクチャレスクの享受は、上流階級の狭いサークルの外部では未知のものでした。特定の範例にもとづいてピクチャレスクと認められた絵画、特に、イタリアから持ち帰られた風景画は、一八世紀にはまだ、大抵の場合、上流階級によって占有されており、誰でも簡単にアクセスすることができるものではなかったからです。

しかし、風景式庭園が各地に誕生し、現物を用いて三次元空間に再現された実物大の風景画としての風景式庭園、つまりピクチャレスクな風景式庭園が造られるとともに、ピクチャレスクの観念は、誰にでも開かれたものとして、知的世界の広い範囲において受け入れられて行きます。上流階級の邸宅に自由に出入りすることができぬ者にとり、邸宅の壁面を飾る風景画を鑑賞するには、限られた数の模写を手がかりとする他はありませんでした。風景画に関するこのような事情と比較するなら、屋外にある庭園の方は、アクセスがいくらか容易でした。（上流階級の邸宅に附属する風景式庭園の中には、見学を希望する者に対し限定的に公開されていたものが少なくなかったようです。）

さらに、前に名を挙げたアディソン、ポープ、シェンストーンなどにより、庭園の設計に関し多くの言葉が世に送り出されました。このような事情もまた、ピクチャレスクの観念の普及を促したに違いありません。

ピクチャレスクの適用範囲がさらに拡大する

庭園を実際に訪れて鑑賞する機会が知的公衆に与えられ、ピクチャレスクの観念が広い範囲に流通するようになるとともに、これが刺戟となり、「風景観」と呼ぶことのできるものが初めて姿を現します。風景の観念が風景画の観念から区別されるからです。

風景画から誕生した述語としてのピクチャレスクは、自然らしく見えるように整えられた藝術作品としての風景式庭園へと、実質を変えることなくそのまま適用されただけではありません。

ピクチャレスクの適用範囲の拡大は、さらなる適用範囲の拡大を促します。今度は、この同じ尺度により、庭園の外部に広がる「なま」の自然が、ピクチャレスクの観点から評価されるようになるのです。

ピクチャレスクは、庭園の外部の自然へと持ち出され、人間の手が加えられていない「なま」の自然を風景画または庭園を評価するのと同じ態度で鑑賞する試みが姿を現します。「なま」の自然をピクチャレスクの光学のもとで眺めるこの試みは、一八世紀後半、一七六〇年代以降に始まります。

ピクチャレスクの光学のもとで「なま」の自然を眺め評価する可能性が生れることにより、ピクチャレスクは、適用される範囲を拡げたばかりではありません。これは適用範囲の量的な拡大にとどまるものではなく、むしろ、「なま」の自然のうちにピクチャレスクなものを発見する試みにおいて、風景画から明瞭に区別された風景なるものが初めて姿を現したと考えることができます。

風景の観念は、人類によって最初から自覚されていたものではありません。人類は、landscapeと「ピクチャレスク」の結びつきの帰結として、さらに、風景式庭園という過渡的形態を経ることにより、ようやく風景の観念を——残念ながら転倒した仕方であるとは言え——獲得し主題化することができるようになったのです。

すでに一八世紀初め、前に名を挙げたシャフツベリやアディソンは、「なま」の自然がそれ自体として神の手になる藝術作品であることを主張し、自然に内在する秩序を読み取ることの快楽を強調しています。

一七世紀後半以降のいわゆる「科学革命」の中で誕生した近代科学は、神学と烈《はげ》しく対立することによりみずからの存在意義を獲得したと普通には考えられています。しかし、科学史を少し詳細に眺めるなら、ニュートンを始めとして、科学革命の主役として歴史に名を遺す人々にとり、科学の本質は、神によって創造されたこの世界の秩序を解明する試みにあったことがわかります。（この点については、佐々木力『科学革命の歴史構造 上』〔講談社学術文庫〕を参照のこと。）

一七世紀から一八世紀において、自然の探究としての科学は、神学に対立するものではなく、むしろ、高度に神学的な知的活動でした。自然に対するこのようなまなざしは、知的世界の広い範囲に見出すことができるものだったのです。

もちろん、自然のうちに何らかの「美しさ」を見出す可能性は、一八世紀の産物ではありません。「自然美」の観念は、人類と同じくらい古いものでしょう。また、ピクチャレスクという尺度の適用範囲の拡大を促した契機の一つをこのような神学的な自然観に求めることは、不可能ではなく、不適切でもありません。

実際、ピクチャレスクの適用範囲の拡大は、風景式庭園への否定的な評価の帰結と見なされるべきものです。庭園は、自然に似せる工夫がどれほど重ねられても、人工物であることに変わりはなく、このかぎりにおいて不十分なものだからです。タブロー・ヴィヴァンとして設計され製作された風景式庭園を「なま」の自然と比較するなら、庭園が不十分なものと見なされるのは、当然のことでした。

風景とは、「なま」の自然から切り抜かれた風景画

ただ、注意しなければならないことが一つあります。それは、「なま」の自然というものが、庭園や風景画が作品であるのと同じ意味における「作品」ではない点です。ピクチャレスクなまなざしが神の藝術作品としての自然に向けられ、自然に内在する秩序を発見する「自然神学」的な快楽が追求されたとしても、風景画、風景、庭園をすべて同じ一つの光のもとで眺める可能性の追求を神学的な自然讃美の直接の帰結と見なすことはできないように思われます。

大雑把に表現するなら、ピクチャレスクなまなざしとは、目に映る自然の眺めから風景画を切り抜く視線です。この観点から自然を眺める者は、実物大の風景画として視界から切り抜かれたものだけをピクチャレスクと評価し、これを風景と見なします。

自然に対するピクチャレスクなまなざし、自然を眺めるこのような遠近法に対し、この書物は「絶景の美学」の名を与えます。絶景の美学に従うかぎり、風景とは、「なま」の自然から切り抜かれた実物大の風景画であり、言葉の文字通りの意味におけるピクチャレスクな風景、つまり「絵のような」風景であり、絶景に他ならないからです。実際、たとえば古典学者のリチャード・ペイン＝ナイト（一七五〇～一八二四年）は、一八〇五年に公刊された『趣味の原理の分析

的探究』のある箇所において、絵画に通じていない者には、ピクチャレスクなものが「知覚不可能」（imperceptible）であると語り、風景を享受する能力と絵画を享受する能力が同じであることを強調します。

もちろん、神学的な自然讃美に刺戟を受け、これに導かれて生れたものが一八世紀のイギリスに何もないわけではありません。私たちは、「博物学（＝自然史／誌）」（natural history）の名で知られる自然研究が社会の広い階層において多くの人を惹きつけていたことを知っています。そして、この博物学（＝自然史／誌）こそ、自然の秩序に対する神学的なまなざしによって刺戟を与えられた学問分野を代表するものでした。

絶景の美学を支えるのが大きなものを全体として捉える大雑把な視線であるのに反し、博物学（＝自然史／誌）の方は、植物、昆虫、土壌、化石、気候など、自然の細部を丹念に記述する試みであり、これを基礎として、一九世紀には、「地質学」（geology）「生物学」（biology）などの新しい科学が誕生します。特に、ダーウィンの『種の起原』（一八五九年）の影響のもと、二〇世紀初めに惹き起された「ダーウィン革命」（Darwinian revolution）は、博物学（＝自然史／誌）の伝統の批判的な継承を前提とするものです。（この点については、デイヴィッド・E・アレン『ナチュラリストの誕生　イギリス博物学の社会史』〔阿部治訳、平凡社〕を参照のこと。）

以前に述べたように、一八世紀半ばのイギリスでは、風景画を評価するための範例は、クロード・ロランに代表される風景画家たちの作品に求められました。当然、風景画として自然の眺めから切り抜かれ、絶景として拾い上げられるのは、範例となる画家たちの手になる具体的な作品を想起させる眺めとなります。

絶景とは、ピクチャレスクの遠近法のもとで視野全体から切り抜かれた三次元の風景画であり、庭園と同じように、風景画をモデルとするタブロー・ヴィヴァンです。絶景の美学は、タブロー・ヴィヴァンを「なま」の自然に求める風景観です。絶景の美学がピクチャレスクという尺度を庭園の外部に持ち出す試みと見なされるべき理由はここにあります。

第五段階：風景論の過激派が登場する

ピクチャレスクな旅行者たち

これまで述べてきたように、風景画を評価する尺度として生れたピクチャレスクの観念は、風景式庭園を産み出します。風景式庭園は、ピクチャレスクなまなざしを満足させることを目指して製作されたタブロー・ヴィヴァンであり、当然、風景式庭園の価値は、ピクチャレスクである点に求められます。しかし、これもまた当然のことながら、藝術作品としての風景画が画題とするのは、自然の眺めであり、タブロー・ヴィヴァンとしての風景式庭園ではありません。風景式庭園は、自然らしく見えるようどれほど工夫されたものであるとしても、本質的には人工的なものにすぎず、風景画の完全な再現ではないと考えることができます。

絶景の美学の誕生は、一八世紀後半に活躍した何人かの作家の行動と発言によって確認することが可能です。そして、絶景の美学に表現を与えたこれらの作家はいずれも、ピクチャレスクな風景を求めて各地を旅行し、その記録を公刊することで歴史に名を遺します。この書物が仮に「風景論の過激派」と名づける著述家です。

ピクチャレスクな風景、つまり絶景を蒐集するこの旅は、一般に「ピクチャレスクな旅」(picturesque travel / picturesque tour)と呼ばれ、ピクチャレスクな旅を敢行した者たちは、「ピクチャレスクな旅行者たち」(picturesque travelers)と呼ばれます。トマス・グレイ(詩人、一七一六～一七七一年)、アーサー・ヤング(農学者、一七四一～一八二〇年)、トマス・ウェスト(聖職者、一七二〇～一七七九年)など、この書物が「風景論の過激派」に分類する著述家は、当時を代表するピクチャレスクな旅行者です。彼らの手になる旅行記は、絶景に出会うことのできる場所、つまり、視野全体から実物大のピクチャレスクな風景画を切り抜くことのできる場所を具体的に案内するものであり、彼らに続く時代の旅行者たちのあいだで、事実上のガイドブックの役割を担います。

過激派の代表としてのウィリアム・ギルピン

しかし、絶景の美学にとり、彼ら以上に重要な位置を与えられねばならないのは、右に名を挙げた人物たちと同時代の作家ウィリアム・ギルピン（一七二四〜一八〇四年）です。イギリス国教会の聖職者として教会が運営する各地の学校で教育に携わっていたギルピンは、仕事のかたわら、絶景を求めてごく若いころからイギリス各地を繰り返し旅行し、晩年に近い一八八〇年代以降、これらの旅の記録を著作にまとめ、相次いで公刊します。

ギルピンが当時としてはながい人生――生年、没年ともカントと同じ――に遺した二三点の著作のうち、六点がピクチャレスクなものを蒐集する旅の記録によって占められています。

ギルピンの同時代の旅行者たちはそれぞれ、大抵の場合、旅の記録を一点しか公刊していません。ギルピンがただひとりで六点もの旅行記を遺したという事実は、彼が生涯にわたりピクチャレスクな旅に多くの時間と体力を費やしたこと、ピクチャレスクなものに対する彼の欲求が特別なものであったことを雄弁に物語ります。

ギルピンは、一七四八年、二四歳のときに、最初の著作『バッキンガムシャーのストウにあるコバム子爵閣下の庭園群に関する対話』を匿名で公刊します。著作の表題が示すように、これは、ストウ・ハウスを訪れたときの記録を架空の二人の人物の対話としてまとめたものです。すでにこの作品では、風景式庭園の人工的な性格が否定的に評価されます。

ギルピンのもっとも有名な著作は、一七八二年に公刊された『一七七〇年夏に主にピクチャレスクな美との関係で試みられたワイ川と南ウェールズのいくつかの部分などの視察の記録』（以下、『ワイ川紀行』と略記）です。ながい表題を与えられたこの書物は、ギルピンの手になる「ピクチャレスクな旅」の最初の記録であり、これ以後に公刊された彼の旅行記にはいずれも、「主にピクチャレスクな美との関係で試みられた……の視察の記録」（Observations on …… Relative Chiefly to Picturesque Beauty）という共通の形式の表題が与えられます。

右に表題を挙げた著作は、イギリス西部、イングランドとウェールズの境界をなすワイ川の流域の旅をテーマとするものです。もちろん、著作の主な部分をなすのは、訪れるべき場所の記述です。しかし、ギルピンは、他の旅行記の著者たちと同じように、絶景、つまりピクチャレスクな風景に出会うことのできる場所を具体的に指し示すばかりではありません。彼の著作には、ある地点で風景を眺めるのに最適な時間、最適な天候、鑑賞にふさわしい方角、さらに、目に映る眺めをピクチャレスクの観点から分解し、これを風景画に見立てる手順まで、丁寧な解説が見出されます。一八世紀後半におけるピクチャレスクなものの蒐集に関し、ギルピンが特別に高く評価される理由の一つは、彼の著作に認められるこのような行き届いた配慮、あるいは行き届きすぎた配慮、つまり、ピクチャレスクなものの発見と享受という一貫したテーマにあるに違いありません。

ギルピンは、彼の最初の旅行記である『ワイ川紀行』の劈頭《へきとう》において、ピクチャレスクな旅と旅行記の意味を次のように説明します。

以下の小さな作品は、探求の新しい目的を提案するものである。すなわち、一国の表面を吟味するばかりではなく、ピクチャレスクな美（picturesque beauty）の諸規則によって国土の表面を吟味することを目的とする。言い換えるなら、ただ記述するのではなく、自然の眺め（natural scenery）を記述した上で、この記述を人工的な風景画（artificial landscape）の諸原理に適合させること、そして、両者の比較から生れる悦びの源泉を明らかにすることがこの書物が提案する旅の対象目的とするところなのである。

視界から風景画を切り抜くことがピクチャレスクな旅の意味であったことがわかります。

彼らは風景の経験のミニマムを行動によって示した

ところで、この章の冒頭でお話ししたように、風景を眺めるとき、風景の意味への問いが私たちを悩ますことは滅多にありません。それは、風景の意味を誰もが説明することができるからであるというよりも、むしろ、現実の生活では、景色のよい場所を訪れ、風景を眺めることが、旅を構成する要素の一部にすぎないのが普通だからです。

ただひとりの旅なら話は違うかも知れませんが、誰かとともに旅する場合、専門的な哲学者かよほどの変人――同じ一人の人間が両方を兼ねる場合が少なくありません――でないかぎり、具体的な風景を前にして、世俗的な気がかりや興味を心から締め出し、明瞭な自覚とともに風景と

図7　トマス・ローランドソン「ウェールズを旅する芸術家」（アクアチント版画、1799年、大英博物館所蔵）

対決するなど、風景の意味が哲学的にどれほど重要な問題であるとしても、彼女自身が身を置く具体的な状況が許さないでしょう。これもまた、前に述べたとおりです。

しかし、ギルピンに代表される風景論の過激派たちは、絶景の美学のもとで風景とは何であるのかという問いに対し、実際の行動によって律儀に回答します。彼らが試みたピクチャレスクな旅の目指すところはただ一つ、風景を享受することだからです。

彼らの旅のすべては、絶景に辿りつくという唯一の目標から遡って組織されます。当然、ピクチャレスクな旅には、「地元のおいしいものを食べる」「ビーチで日光浴する」「アウトレットモールに立ち寄る」など、風景の享受とは無縁の要素が入り込む余地は最初からありません。

ピクチャレスクな旅では、余計なものはすべて切り捨てられ、「風景の経験のミニマム」、つまり、一つのふるまいが「風景を眺める」と呼ばれるために不可欠の最低限の要素のみが追求されます。そのため、ピクチャレスクな旅を試みた者たちのあまりに真剣な行動と発言は、現代の私たちの目にいくらか滑稽なもの、風変わりなものと映ります。また、ひたすら絶景を目指し、絶景に向き合う者たちの姿は、彼らの同時代の人々からも奇異の目で見られることがあったようです。

それでも、絶景に対する彼らの反応は、絶景の美学の帰結であるかぎり、風光明媚な場所における観光客の行動と本質的に異なるものではありません。ピクチャレスクな旅において、風景論の過激派は、絶景の美学を明瞭な自覚とともに純粋な仕方で受け入れたのであり、その行動が滑稽な、あるいは風変わりな印象を与えるなら、むしろ、この印象は、絶景に対する現代の私たちの態度が不真面目であることの証として受け止められるべきものであるに違いありません。

クロード・グラスで眺めを編集する

ところで、ピクチャレスクな旅の記録を遺した一八世紀後半の著述家たちの文章に見出されるのは、ピクチャレスクな眺めを享受することが可能な場所の記述ばかりではありません。彼らは、ピクチャレスクな旅に持参すると便利な道具についても説明を忘れませんでした。著述家たちが携行することを特に強くすすめるもので、現代の私たちの注意を惹くものは二つあります。

一つは、何と言ってもスケッチブックです。たしかに、これは、カメラのない時代には、風景を記録し、風景画をその場で作成するのに欠かすことのできないものだったでしょう。たとえば、ギルピンの公刊したどの旅行記にも、彼がみずから現地で描いたかなりの数のスケッチ、あるい

図８　トマス・ローランドソン「湖をスケッチするシンタックス博士」（アクアチント版画、1813年）

は、スケッチにもとづく水彩画が収められています。ピクチャレスクな旅では、大量のスケッチが描かれるのが普通だったに違いありません。

しかし、スケッチブックとともに、いや、おそらくスケッチブック以上に携行が推奨されていた道具があります。「クロード・グラス」（Claude glass）と名づけられたその不思議な器具は、二一世紀の旅行者にはなじみのないものであり、器具の使用法は、私たちの注意を否応なく惹きつけます。

クロード・グラスは、「黒い鏡」（black mirror）とも呼ばれる一種の手鏡、しかも、特殊な加工が施された手鏡です。鏡面は凸面であり、青または黒に着色されています。大抵の場合、鏡の形状は円ですが、四角や楕円のものもありました。ギルピンの同時代の著述家トマス・ウェストは、次のように語ります。

鏡（=クロード・グラス）は、陽の光のもとでは大変に役に立つ。そして、これを使用する者は、彼が眺める対象につねに背を向けなければならない。鏡をそのケースの上の部分を摑んで吊しておくことにより、鏡を（眺めるべき部分がどの位置にあるかに応じて）右か左に少し向けることで、鏡に映った風景が見えることになるであろうし、顔は日焼けしないであろう。（『湖水地方案内』〔一八七四年〕）

ピクチャレスクな風景を見つけると、旅行者は、まず、この風景に背を向け、続いて、クロード・グラスを取り出して片手に持ち、背後の眺めをこれに映します。これがクロード・グラスの基本的な使い方です。風景論の過激派と同時代の画家トマス・ゲインズバラが描く旅人もまた、クロード・グラスをこのように使っているようです。

図9　トマス・ゲインズバラ「クロード・グラスを持つ人物」（スケッチ）

なお、ゲインズバラは、風景画によって有名なイングランドの画家であり、その作品は、一八世紀末以降、ピクチャレスクの内容がロマン主義とゴシック趣味へと変質するとき、クロード・ロランの古典主義的な風景画に代わりピクチャレスクの事実上の範例の役割を担います。この点は、のちに簡単に述べます。

クロード・グラスの鏡面が凸面であるために、背後にあるものは、実際の距離以上に遠くにあるように映ります。また、暗色の鏡面には、眺めをいくらか暗く着色する効果があります。この「携帯用フェンダーミラー」（？）のような鏡に自然を映すことにより、円形や楕円形に縁取られた即席の風景画が鏡面に出現します。クロード・グラスには、鏡に映る自然の眺めをクロード・ロランの風景画に似たピクチャレスクな映像に変換する道具です。これが「クロード・グラス」の名の由来であり、旅行者たちは、映像が風景画らしくレタッチされることを期待し、これを旅先に持参したのです。

たしかに、目の前に広がるはずの眺めにあえて背を向け、凸面鏡に映る映像を鑑賞する仕草は、いかにも不自然に見えます。また、絶景を前にしてこれを必死でスケッチするというのも、私たちに違和感を与えるふるまいであるかも知れません。

けれども、旅行者たちが「なま」の自然の美しさを求めていたわけではなく、自然を絵画として鑑賞することに彼らの目標があったのなら、彼らの動作は、不自然に感じられるとしても、不可解というわけではありません。彼らは、「なま」の自然の直接の眺めではなく、着色された凸面鏡に映る映像、あるいは、スケッチブックに描かれたデッサンのうちにピクチャレスクなものを求めたのであり、自然の眺めは、風景画に見立てられることにより、風景画という枠組の内部において初めて経験され、評価されていたのです。風景画、風景式庭園、「なま」の自然の三者に対し彼らが求めていたのがピクチャレスクなものであったことがわかります。

そもそも、少し冷静に考えるなら、現代の私たちが絶景を前にするときの反応は、一八世紀後半の旅行者たちと大して違わないのかも知れません。というのも、ピクチャレスクな旅で絶景に出会ったときに旅行者たちがスケッチブックを即座に取り出したとの同じように、絶景を前にしてカメラを反射的に取り出し、撮影した映像をＳＮＳに投稿することは、現代の旅行者の多くにとり、ごく普通の動作だからです。また、絶景に背を向け、これをクロード・グラスに映すといういかにも不自然な仕草は、スマートフォンで撮影した写真をアプリケーションを用いてその場で編集する作業と基本的には同じだからです。

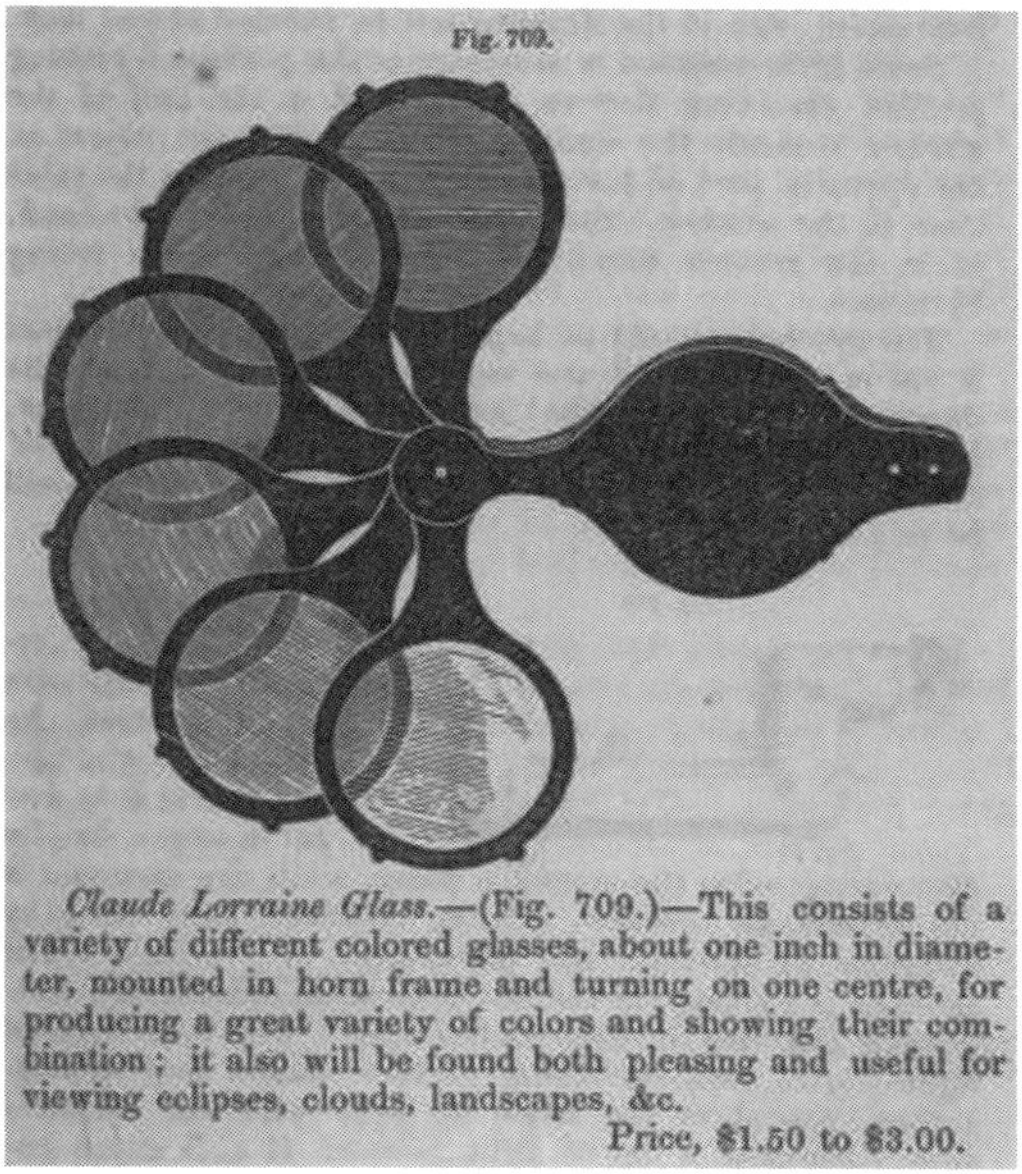

図10　５色セットのクロード・グラス（1848年にアメリカで発行されたカタログ）

　一九世紀前半に販売されていたクロード・グラスの中には、五色が一組になったものがあります。鏡面の色の異なるクロード・グラスに自然の眺めを次々と映すというのは、デジタルカメラで撮影された画像に異なるフィルターをかけてみる作業と何ら異なるところがないように思われます。

第六段階：ピクチャレスクの反作用的性格が顕著になる

具体的な作品を範例とすることの問題点

この書物では、よい風景とはピクチャレスクな風景であることを主張する風景観に対し「絶景の美学」の名が与えられます。そして、一六世紀末にlandscapeという語が使われるようになってから、風景式庭園の成立を経て、風景論の過激派による「ピクチャレスクな旅」まで、この風景観の成立過程を辿ってきました。

もともと、ピクチャレスクは、イタリアの風景画の享受から生れた観念です。しかし、これが尺度として適用される範囲は、時間の経過とともに風景画から庭園へ、そして、庭園から「なま」の自然へと拡大します。その結果、風景画から区別されたものとしての風景の観念が生れ、絶景の美学に輪廓が与えられます。これは、すでに説明したとおりです。

ところが、絶景の美学は、私たちの前に姿を現すのとほぼ同時に、内側から変質を始めます。きっかけとなったのは、絶景の美学の中心となる観念、つまり、風景画、庭園、「なま」の自然にひとしく適用されるべきピクチャレスクの観念の曖昧な性格でした。

これまで述べてきたように、風景画を評価する尺度としてのピクチャレスクは、主にイタリアを拠点として活動する何人かの風景画家の作品を事実上の範例として作り上げられたものです。つまり、ある風景画がピクチャレスクなものと見なされるための条件は、それがクロード・ロラン、ニコラ・プッサン、ガスパール・デュゲ、サルヴァトール・ローザなど、以前に名を挙げた画家たちの作品に似ていることでした。

たしかに、ピクチャレスクの規定が現実の作品群に投錨されていることには、大きな利点があります。任意の作品や風景について、これをピクチャレスクと評価する理由を説明するのに必要なのは、したがって、「ピクチャレスクとは何か」という問いに対する答えとなるのは、特定の風景画を黙って直示すること、あるいは、特定の風景画の参照を求めることだけだからです。これほど具体的で安直な説明は他に考えられないでしょう。

しかしながら、作品を直示する手続き、あるいは、作品の参照を指示する手続きは、誤解の余地のない確実な説明であるように見えるにもかかわらず、現実には、深刻な問題を惹き起こします。どのような画家のどのような作品を範例として想定するかにより、ピクチャレスクの意味が変化してしまうからです。

図11　ガナーズベリー・パークの疑似廃墟

クロード・ロランの理想風景

たとえば、クロード・ロランの作品には、見通しのよい明るい田園が描かれていることが多く、また、イタリア的な形状の樹木、ローマ時代の廃墟のような構造物が小道具として画面に加えられていることが少なくありません。おそらく、そのせいなのでしょう、廃墟は、一八世紀後半から一九世紀前半の風景論において、ピクチャレスクの記号として繰り返し取り上げられます。

風景式庭園を歩くと、崩れかけた橋、礼拝堂、住宅などの「廃墟」に出会うことがあります。これらはいずれも、大昔からそこに佇み、周囲の空間と一体になっているように見えます。

もともと、廃墟というのは、ローマのコロッセウム（イタリア）、旧日立航空機立川工場変電所（東京都東大和市）、世界平和大観音像（兵庫県淡路市）など、何らかの事情で本来の用途を失い、放置された構造物を意味します。しかし、風景式庭園の一部としての廃墟は、これらとは異なり、庭園が設計されるとき、庭園の要素として配置された廃墟、最初から廃墟として作られた構造物であり、「疑似廃墟」(sham ruin)です。廃墟は、ピクチャレスクの範例となる風景画を想起させるよすがであり、風景式庭園に不可欠の小道具だったのです。本来の用途を持たない装飾のための構造物は、一般に「フォリー」(folly)と呼ばれます。風景式庭園の内部に作られた疑似廃墟は、フォリーの一種です。

当然、ピクチャレスクな旅において、廃墟のある風景は、旅行者の特別な関心の対象となります。前に名を挙げたウィリアム・ギルピンは、一七七〇年に試みたワイ川流域の旅の途中、ウェールズ南部にあるティンターン修道院(Tintern Abbey)の廃墟を訪れます。そして、一七八二年に公刊された旅行記には、ギルピン自身の手になるスケッチとともに、この廃墟に関する詳しい報告が収められます。

もちろん、ティンターン修道院は、鑑賞用にわざわざ設計され製作された疑似廃墟ではありません。これは、一二世紀に建設されたのち、一六世紀まで修道院として使われ、ヘンリー八世(一四九一~一五四七年)による宗教改革の過程で破壊、放置された構造物であり、この意味において、普通の廃墟です。(破壊され、廃墟となった同じような修道院は、イギリス各地に遺されています。)ギルピンが遺したスケッチを信用するなら、この廃墟は、彼が訪れたときにはすでに、現在とほぼ同じように、壁と柱だけがそのまま遺され、屋根は崩落し、床は草で覆われていました。

とはいえ、自然の眺めから風景画を切り抜くことがピクチャレスクな旅の課題であるかぎり、廃墟が、視界から切り抜かれた風景画をクロード・ロラン風の作品に格上げする小道具として多くの旅行者に好まれたのは自然なことです。風景式庭園の内部に観賞用の廃墟がわざわざ作られたのも、そのためです。

ギルピン以降、ティンターン修道院は、ピクチャレスクな旅における一種の「聖地」として扱われるようになります。たしかに、クロード・ロランの作品にピクチャレスクの範例を求めるかぎり、クロード・ロランを想起させる眺め、見通しのよい田園風景、廃墟のある風景などが典型的な絶景となるでしょう。

図12 ティンターン修道院（ギルピンのスケッチにもとづくアクアチント版画）

夜の闇と崇高

ところが、同じ風景画でも、たとえばサルヴァトール・ローザの作品の自然描写にピクチャレスクな風景の典型を求めるとき、絶景は、異なる姿を与えられます。ローザの作品に特徴を与えるのは、荒々しい山間の自然であり、夕方や夜の暗い空間です。このような作品を標準とするなら、ピクチャレスクなるものは、田園ではなく山間に、陽の光の下ではなく黄昏や夜の闇の中に見出されるべきものとなります。

参照する画家の作品の傾向の違いは、当然、ピクチャレスクの意味をめぐる理解の違いに対応します。ウィリアム・ギルピンの著作では、「ピクチャレスクな美」（picturesque beauty）という言葉が繰り返し使われます。ギルピンにとり、「ピクチャレスク」が美の下位概念であるのは、自明のことであったに違いありません。しかし、サルヴァトール・ローザの作品にピクチャレスクの標準を求める者にとっては、ピクチャレスクであるとは、美しいことではなく、むしろ、崇高であることと一体のものとなります。（とはいえ、ピクチャレスクを崇高に重ねる試みがギルピンの著作にまったく見出されないわけではありません。）

「崇高」（sublimity）は、西洋の美学における重要な概念の一つです。特に一八世紀には、「趣味」（taste）をめぐる言論空間において美と対比されることにより、根本概念の一つとして扱われます。崇高の観念の歴史は、一般に「偽ロンギーノス」の名で知られる紀元後一世紀の匿名の著者の手になる小品「崇高について」に始まります。ただ、一七世紀までは、崇高の概念は、主に藝術作品の評価の文脈、特に悲劇論の文脈の内部に位置を与えられてきました。崇高は、すぐれた人間の行為や言葉が、これを観たり聴いたりする者の心に産み出す情念、レトリックの産物として受け止められてきたのです。

ところが、一八世紀になると、この崇高の概念は、自然と結びつけられ、自然の情感的な体験のカテゴリーと見なされるようになります。エドマンド・バークの手になる『崇高と美の観念の起源』（一七五七年、中野好之訳、みすず書房）は、自然における崇高の経験を強調する代表的な著作です。のちにカントの『判断力批判』（一七九〇年）において異なる観点から主題化される美

図13 サルヴァトール・ローザ「猟師と戦士のいる岩の風景」（1670年ころ）

と崇高の対比は、バークのこの著作に始まると一般に考えられています。

バークによれば、小さいもの、繊細なもの、私とのあいだに肯定的な関係を作り出すものが惹き起こす情念は「美」と呼ばれます。これに対し、崇高の感情が惹き起こされるのは、苦痛、危険、恐怖など、自己保存の欲求を脅かすようなものを前にするとき、しかも、これらの事態が現実には私には降りかかってくる怖れがないことを私が承知しているときであること、つまり、崇高とは、安全な場所から危険なものを眺めるときに生れる悦ばしい感情であることをバークは主張します。

崇高をめぐるバークの立場がのちの時代に与えた直接の影響は複雑であり、一言でこれを説明することはできません。それでも、崇高に対し美と同等の位置を与えたこと、また、それまでは主に人間の行為と言葉にのみ認められていた崇高の観念を自然のうちに見出したこと、このような点に関するかぎり、バークの崇高論には無視することのできない意義が認められねばならないでしょう。

一九世紀後半に鉄道の利用が長距離を移動する手段として普及するまで、西洋では、人の住まぬ空間、人の活動しない時間は、現代とは比較にならないほど深く怖れられていました。山道というのは、整備されていないという点において安全ではないばかりではなく、山賊がつねにいたるところで旅行者の財産と生命を狙っている空間でもあり、この意味でも危険に満ちていました。もちろん、これは、日が暮れるとともに、すべてが漆黒の闇に包まれてしまう空間でもあります。

クロード・ロランの場合とは異なり、サルヴァトール・ローザの作品に描かれた状況に普通の人間が身を置く可能性はありませんでした。この点を考慮するなら、ローザの風景画にピクチャレスクの範例を求めるかぎり、ピクチャレスクは、美の下位概念とは見なされえなくなります。

美とピクチャレスクが分離し、古典主義的作品が範例ではなくなる

一八世紀後半、ピクチャレスクと他の情感的な体験を可能にするカテゴリーのあいだの関係が公共の言論空間において話題になるとともに、ピクチャレスクの輪廓は曖昧なものとなります。「ピクチャレスクとは何か」という問いをめぐりこの時期に蓄積された言説は、現在では、一般に「ピクチャレスク論争」（picturesque debate）と名づけられています。

そして、このピクチャレスク論争の内部において、絶景の美学は、一八世紀末、二つの大きな変化を同時に受け容れます。これは、絶景の美学の進化であるとともに、変質と終焉への一歩でもありました。

第一に、「ピクチャレスクである」という述語は、「美しい」や「崇高である」に単純には置き換えられなくなります。ピクチャレスクは、美と崇高の両方から区別された、しかも、これらと対等の位置を占める新たな観念として受け止められるようになるのです。

第二に、それとともに、「何がピクチャレスクか」に答えることができるだけでは十分ではなく、「ピクチャレスクとは何か」という問いに対する答えに注意が向けられるようになり、その結果、ピクチャレスクは、一方において、抽象的な仕方で規定され、他方において、それまで事実上の範例の役割を担ってきたイタリアの古典主義的な風景画との結びつきを失います。ピクチャレスクの規定は、具体的な作品を手がかりとして直観的な仕方で与えられる代わりに、個別の作品に依存しない情感的体験の普遍的なカテゴリーとしてのピクチャレスクなるものの把握が試みられるようになるのです。

ピクチャレスクの観念の抽象的な把握と概念の変化は、一八世紀末、何人かの著述家によって促されます。一七九四年、このような著述家を代表するユーヴデイル・プライス（一七四七〜一八二九年）は、『ピクチャレスクなものについて　崇高や美と対比する』（*Essay on the Picturesque, As compared with the Sublime and the Beautiful*）を公刊し、ピクチャレスクに関するみずからの見解を明らかにします。

この著作において、プライスは、ピクチャレスクが美と崇高のいずれとも異なる情感的体験の新しいカテゴリーであることを主張するとともに、具体的な作品を手がかりとする素朴な直観的な記述の可能性を斥け、著作の冒頭において、次のように言います。

この作品の中で、私は、ピクチャレスクが崇高や美と同じくらい独立した判明な性格を具えていること、そして、崇高や美と同じくらい絵画の技法から独立していることを示したいと思う。

とはいえ、風景画、風景式庭園、「なま」の自然の三者を同じ一つの光学のもとで眺める点では、プライスの立場は、彼以前の風景論の過激派と異なるものではありません。ピクチャレスクな旅の意義が否定されたわけでもありません。

むしろ、プライスに固有の見解があるとするなら、それは、ギルピンに代表される風景論の過激派の試みをさらに徹底させることにより、「不規則性」(irregularity)「粗さ」(roughness)「見通しの悪さ」(intricacy)などに自然の自然らしさが求められ、これが、ピクチャレスクと重ね合わせられるようになる点です。

絶景が絶景であるためには、目に映る自然が自然らしいものでなければならず、自然らしい自然には、不規則性、粗さ、見通しの悪さなどが認められなければならないとするなら、ピクチャレスクの範例をクロード・ロランに代表される画家たちの手になる古典主義的な作風の風景画に求めることは困難となります。彼らの作品は、プライスの理解するような意味における自然らしさを不十分にしか具えていないからです。イタリアの風景画家たちの作品をピクチャレスクの範例と見なし、これを三次元空間に再現することを目指して設計され製作された風景式庭園は、プライスによる批判の対象となりますが、それもまた、同じ理由によるものです。

そして、風景画をモデルに風景式庭園が造られ、自然らしさの追求が「なま」の自然に庭園を近づけ、さらに、これが庭園の外部にピクチャレスクなものを求める試みを促したとするなら、また、自然の自然らしさには明瞭な基準が見出されるという想定が妥当なものであるなら、権利上、このような基準を満足する風景画もまた――現実には製作されてはいないとしても――描かれうるものでなければなりません。

いや、プライス自身は明確には認めてはいませんが、ピクチャレスクの新たな範例となるようなものは、すでに彼の目の前にあったと普通には考えられています。新たな範例として暗黙のうちに前提とされていたその作品群とは、トマス・ゲインズバラ（一七二七～一七八八年）の風景画です。

ゲインズバラは、一八世紀後半、ギルピンやプライスと同時代の画家です。ゲインズバラの作品には、多くの肖像画とともに、イングランド東部のサフォーク州の田園を題材とする風景画が何点も含まれており、ゲインズバラは、現在では、肖像画家としてよりも、むしろ、主にこのような風景画の作者として名を遺しています。これらの作品はいずれも、プライスがピクチャレスクな風景の特徴として挙げたような性格を具えていると一般に考えられています。

ゲインズバラの手になる自然描写は、イタリアで活躍した画家たちの作品とは趣を異にするものであり、そこには、古代の建築物の廃墟はなく、いかにも南方的――つまりイタリア的――な樹木も描かれてはいません。もちろん、歴史や聖書が直接の題材として取り上げられることもありません。この意味では、ゲインズバラは、イタリアの画家たちよりも、むしろ、風俗画で知られるオランダの画家たちと多くの性格を共有しているように見えます。

図14 トマス・ゲインズバラ「コテッジと教会のある風景」(1771年ころ)

クロード・ロランやニコラ・プッサンとは異なり、ゲインズバラの風景画は、少なからず美化されたイギリスの田園、それでも、「いくらか」現実に近いイギリスの田園を描写するものでした。そして、そこには、古代に由来する構造物の廃墟に代わり、農村にあるコテッジ(cottage)、つまり、農民が生活し、農作業に従事するために使われる家屋が繰り返し描かれます。一八世紀末以降、粗末なみすぼらしいコテッジ――政治的に正しく表現するなら「質素な」コテッジ――は、古代や中世の廃墟に代わり、ピクチャレスクな眺めを構成する必須の要素となります。

実際、一九世紀初めまでに、「ピクチャレスク」の語は、イギリスの知的世界においてなじみのあるものとなっていたばかりではなく、プライスに代表される著述家によって促されたピクチャレスクの範例の変化もまた、知的公衆によって積極的に受け容れられ、場合によっては、ピクチャレスクは、悪趣味の証と受け取られるようになります。

ジェーン・オースティン(一七七五〜一八一七年)の長篇小説『分別と多感』(一八一一年)には、登場人物の一人エドワード・フェラーズがイングランド南西部のデヴォン州に住む主人公のダシュウッド一家を訪問し、ピクチャレスクについて主人公のダシュウッド姉妹と交わす会話が記されています(第一八章)。この会話は、第一に、一九世紀初め、ピクチャレスクの観念が通俗化してインフレーションを起こしていたこと、第二に、ピクチャレスクなものに対し高い評価を与える傾向、特にイギリスの田園に見出されるみすぼらしいものにピクチャレスクを求める態度が不自然な悪趣味と見なされるようになっていたことを雄弁に物語ります。

ギルピンはどこでピクチャレスクなものを見出したか

風景とは「よい」風景であり、「よい」風景とは「ピクチャレスク」な風景である、風景をめぐるこのような見方は、この書物では「絶景の美学」と名づけられます。風景画から明瞭に区別されたものとしての風景の観念が生れ、絶景の美学の枠組が定まったのは一八世紀後半であり、それ以来、現在まで約二五〇年のあいだ、絶景の美学の枠組に変化はありません。

もちろん、絶景の美学の枠組が安定したものであるのに反し、この風景観の根本概念であるピクチャレスクについては、万人が同意するような了解が形作られることはなく、むしろ、「ピクチャレスクとは何か」という問いにはいくつもの異なる答えが与えられてきました。そのせいで、「何がピクチャレスクか」という点に関する合意、つまり、範例に関する合意すら失われてしまいました。これは、すでに述べたとおりです。

しかし、ピクチャレスクの意味の曖昧と混乱にもかかわらず、風景の価値をピクチャレスクに求めるという根本的な枠組が反省の対象となることはありませんでした。つまり、風景画、庭園、風景の三者は、同じ一つのまなざしのもとで眺められ、評価されるべきものであり、このまなざしのもとで自然から切り抜かれるタブロー・ヴィヴァンを風景と見なす枠組の妥当性が問い直されることはなかったのです。

一八世紀後半以降、絶景の美学の枠組がそれ自体としては破壊されず、修正されることもなかったのには、明確な理由があります。(もちろん、絶景の美学を問題と見なして斥ける試みがまったくなかったわけではありません。これについては、次の章でお話しします。)

前に名を挙げた著述家ウィリアム・ギルピンには、全部で二三点の著作があり、このうち六点が一七七〇年代以降に試みられたピクチャレスクな旅の記録です。当然、これらの旅行において主題的に取り上げられているのは、著者であるギルピン自身がピクチャレスクな旅の目的地と定めた地域への旅であり、ピクチャレスクな風景を享受するために足を運ぶに値すると彼が認めた地域への旅であることになります。

それでは、ギルピンは実際にどこを訪れ、どこでピクチャレスクなものを発見したのでしょうか。また、彼は、何を手がかりとして旅の目的地を決めたのでしょうか。

これら二つの問いのうち、絶景の美学との関係において重要なのは、あと方の問い、つまり、「彼は、何を手がかりとして旅の目的地を決めたのか」という問いです。

とはいえ、この問いは、表面的には、わざわざ問う必要などないもののように見えます。愚問のように見えます。なぜなら、この問いに対する答えを求められるなら、多くの人は、「ピクチャレスクなものが見つかりそうなところに行ったに決まっているじゃないか、バカバカしい」と腹を立てながら即答するはずだからです。

しかし、「ピクチャレスクなものが見つかりそうなところに行った」という答えは、間違いではないとしても、必ずしも十分ではありません。なぜなら、ギルピンが特定の地域を「ピクチャレスクなものが見つかりそうなところ」と認めた理由が明らかにならないかぎり、この問いに本当に答えたことにはならないはずだからです。とはいえ、この点は、右に挙げた二つの問いの最初の方、つまり、ギルピンが実際に訪れた場所、ピクチャレスクなものを発見した場所をめぐる問いに答えることにより、確認することができます。

ギルピン自身の旅行記とその日付を信用するなら、ギルピンの足跡は、ブリテン島のほぼ全域に及びます。ギルピンが特に丹念に旅したのは、ウェールズ全域、イングランド北部のカンバーランドとウェストモーランド、スコットランドの最北端にあるハイランド地方、イングランド南部のワイト島、ハンプシャー州、サセックス州、ケント州、イングランド東部のノーフォーク州、サフォーク州、エセックス州などです。移動の主な手段が馬と徒歩であったことを考慮するなら、ブリテン島の内部に範囲が限られているとはいえ、これらの旅が時間と体力の面で大きな負担を強いるものであったことは確かです。ギルピンの旅が何か大きな使命感に導かれたものであったと推測することができます。

「反近代」としての絶景の美学

ところで、ギルピンの足跡を地図上に記す作業により、誰の目にも明らかな一つの事実が浮かび上がります。すなわち、ピクチャレスクな旅の目的地となった地域を辿るうちに、まず明らかになるのは、「ギルピンがどこを訪れたのか」という問いに対する答えではなく、むしろ、「ギルピンがどこを訪れなかったのか」という問いに対する答えだからです。

表面的には、ギルピンが実際に訪れた場所には、すぐ前に述べたように、「ピクチャレスクなものが見つかりそうなところ」である以外に共通の性格を見出すことはできません。これに反し、ギルピンが訪れなかった場所の方にはハッキリした特徴があり、これは、明瞭な輪廓を具えた空白地帯として地図の上に姿を現します。ギルピンの足跡を辿る作業により、反対に、ギルピンが訪れなかった場所の輪廓が浮かび上がり、ピクチャレスクな旅が目指したピクチャレスクなものの正体と絶景の正体が明らかになります。

右に挙げた地名からわかるように、ギルピンの足跡は、ブリテン島の中央、ロンドン以北のイングランド中部から中西部にかけて地図の上に空白地帯を作ります。つまり、彼の試みたピクチャレスクな旅は、ブリテン島の中心部に開いたこの空白地帯を囲む輪のような周縁において試みられたものでした。実際、ギルピンは、少なくともピクチャレスクなものを求める旅行者としては、この地域を目指してはいません。

この地域に足跡の空白地帯が残されたのは、決して偶然ではありません。ギルピンばかりではなく、彼の同時代の他の著述家たちもまた、この地域をあまり訪れていません。少なくとも、この地域において遺されたピクチャレスクな旅の記録は決して多くはありません。イングランド中部から北西部にかけての一帯にピクチャレスクなものは乏しいというのが彼らの暗黙の共通了解であったと推測することができます。

それでは、イングランドの中部から北西部のこの地域にはピクチャレスクなものが見出されないとするなら、その代わりにここにあったものは何か、しかし、この問いに答えられない人はいないはずです。

ギルピンに代表される著述家たちが足を踏み入れなかった地域に共通するのは、イギリスの近代史における特別な位置です。この地域を無視してイギリスの近代を語ることは不可能であるに違いありません。イングランドのこの部分に含まれるリバプール、マンチェスター、バーミンガム、ロンドンなどはいずれも、産業革命において中心的な役割を担った都市であり、これらの都市では、一八世紀後半から一九世紀前半にさまざまな意味における近代化、工業化が大規模に進行します。著述家たちの足跡が否定的な仕方で浮かび上がらせたピクチャレスクな旅の空白地帯とは、産業革命の結果として生れた当時のイギリスの先進地域でした。

図15　シェフィールドの遠景、1819年

農村と都市の変容から目をそむける

農村における第二次囲い込み（エンクロージャー）のせいで、何百年ものあいだ大きな変化のなかった農村の眺めは、イングランドの多くの地域において、すでに一八世紀後半には一変していました。

中世以来、イギリスを始めとする西欧諸国の農村には、それぞれの家族が占有する耕地の他に、村民全員の共有地があり、この共有地からの収益が農民の生活を支えていました。共有地と私有地が複雑に入り組み、しかも、これらが全体として一つの大きな耕地と見なされ、共同で管理されてきたのです。

しかし、一八世紀後半以降、いわゆる「ノーフォーク農法」――四種類の異なる作物を同じ耕地で順番に栽培することで休耕地を作らない耕作地の利用法――が産み出されるとともに、農業生産性が向上します。これを受け、地主は、農業の大規模化と集約化による食料増産を期待して共有地を囲い込み、農民には、これを自由に使うことができなくなります。また、第二次囲い込み以降、土地の所有権が整理されるとともに、共有地は柵や垣根で囲まれ、私有地と一体のものとして耕作することができなくなって行きます。このような変化により、耕地を全員で管理し、収穫を全員で公平に配分する中世以来の「原始共産主義的」な農村の経済は解体を余儀なくされます。

農民は、自分の農地からの収穫だけでは生活を支えられなくなり、単なる賃労働者へと転落します。そして、その多くは、労働力を新たに必要とするようになった都市へと向かいます。

都市の方もまた、産業革命と人口の急激な増加により姿を変えて行きます。おびただしい数の工場が建設され、鉄道が敷設され、周辺にはスラムが形成されます。いずれも、産業革命以前の時代には未知のものでした。

ギルピンに代表される著述家たちがこの先進地域をあえて避けたという事実は、ピクチャレスクな旅の目指すものの本質を私たちに教えます。彼らは、国土の近代化を告げる汚れた現実を視界から締め出すため、近代化の及ばぬ山紫水明の地へと逃れたのです。

絶景の美学から和風テーマパークが生れた

ピクチャレスクな旅とは、産業革命の結果として新しい相貌を示すようになった大都市、あるいは、中世以来の共同体が解体されて資本主義の支配下に入り、その姿を一変させた農村から目をそむけ、産業革命の影響がまだ及ばない地域、いわば「未開」の地域へと向かう旅であったことになります。

たしかに、風景論の過激派の旅には、自然から風景画を切り抜くことにより、情感的な体験への欲求を満足させることを目指すという側面が認められます。しかし、それとともに、これは、過去を懐かしむ旅、産業革命以降のイギリスの政治、社会、経済の変化に対する異議申し立ての旅であり、本質的に反時代的、反動的な旅でもありました。

以前に述べたように、一八世紀後半にピクチャレスクな旅を試みた人々は、現代の平均的な観光客とは比較にならぬほど真面目な態度で自然の眺めと向き合いました。彼らの行動は、「風景の経験のミニマム」であり、風景を眺めることの意味をめぐる反省と自覚を反映するものだったのです。

しかし、彼らが真剣であるのは、当然であるように思われます。彼らにとり、風景を眺めることは遊戯ではなく、まして、気晴らしなどではありませんでした。ピクチャレスクなものに与ること、絶景を眺めることには、それ自体として、新しいもの、近代的なものに対する抵抗としての意義が認められていたのです。

ピクチャレスクな旅の前提としての絶景の美学もまた、本質的に反動的なものとして理解されねばなりません。私たちが不知不識に受け容れてきた絶景の美学は、古いものをつねに擁護します。絶景は、歴史、伝統、時間など、何らかの意味における古さと分かちがたく結びつけられているのが普通であり、これは、絶景の美学が抵抗と異議申し立てのイデオロギーとして誕生したことをひそかに告げる事実であると言うことができます。

第一章で述べたように（二七ページ以下）、現代の日本では、和風にデザインされた構造物、棚田や里山などからなる空間がいたるところに造られています。この書物は、このような空間に対し「和風テーマパーク」の名を与えました。実際、生活空間のテーマパーク化は、「修景」の名のもとにとどまることなく進行しているように見えます。

絶景の美学は、ピクチャレスクなものの情感的な体験を要求するものであるばかりではなく、現在の生活の内部に位置を持たぬ古いものを保存し、修復し、維持し、再生し、複製することを要求します。この点は、現在の日本における和風テーマパークの拡大によって確認することが可能です。

この観点から眺めるなら、和風テーマパークが和風であること、換言すれば、テーマパーク化された空間が和風の外観に包まれることは、決して偶然ではなく、むしろ、絶景の美学の必然的な帰結として理解されねばならないものであることがわかります。絶景の美学に抵抗と異議申し立てのイデオロギーとしての側面があるかぎり、日本における生活空間のテーマパーク化の試みは、「日本ぽい」和風の外観を要求せざるをえないのです。(したがって、歴史的に見るなら、軽井沢に代表される西洋風のテーマパーク化の試みの方が偶然であったと考えることができます。)

絶景の美学とピクチャレスクなものに反動としての側面が認められることがわかったとき、この風景観の行く末は、もはや誰の目にも明らかであるように思われます。すなわち、絶景の美学は、ただ情感的であるにすぎぬ特殊な体験を可能にする風景観としては、通俗化、陳腐化します。ピクチャレスクな旅もまた大衆化し、観光旅行を構成する要素の一つへと堕落します。古いものは、当然のことのように、生活様式とは関係なく、作品として保存され、修復され、複製されます。このような作品に満たされた空間は、否応なくテーマパーク化し、現実の生活から距《へだ》てられたものとなります。

しかし、作品としてデザインされた空間は、これが修景の産物であるとしても、私たちに風景の享受を可能にすることはありません。このような空間では、三次元空間に現物によって再現された実物大の風景画、あるいは実物大の箱庭を回避する経験に与ることができるにすぎないからです。そして、これは、本質的には悪夢のような経験と見なされねばならないものなのです。次の章では、この点についてお話しします。

第三章

「閉じた庭」あるいは「楽園」としての絶景

前の章は、風景を三次元空間に現物によって再現された風景画と見なす風景観を「絶景の美学」と名づけ、この風景観の形成を一六世紀末から一九世紀初めまで辿りました。絶景の美学は、一八世紀後半にイングランドの何人かの作家たちによって試みられたピクチャレスクな旅において最終的な形態を手に入れることになりますが、彼らの旅は、自然の眺めの一部を風景画に見立てることによりこれを情感的な体験の対象として享受することを目指す真剣な試みであり、単なる素朴な観光旅行ではありません。

すぐ前に述べたように、彼らの旅は、同時代の社会、文化、生活に認められる新しい傾向に対する異議申し立てでもありました。これが、ピクチャレスクなものを求める旅行者たちが未開の辺境へと誘われた理由です。また、現在の日本において、生活空間のテーマパーク化にあたり和風の外観がとどまることなく複製されているのもそのためです。

ただ、少なくとも表面的に眺めるかぎり、絶景の美学のこれら二つの側面のあいだには、何の必然的な連繫も認められません。すなわち、自然の眺めから風景画を切り抜いてこれを風景として享受することがなぜピクチャレスクな旅行者たちを近代以前へと誘《いざな》うのか、必ずしも明らかではありません。新しいもののうちにピクチャレスクなものを認めてはいけない理由などないように見えるからです。また、一八世紀後半以降の旅行者たち自身も、ピクチャレスクなものと近代以前への回帰の結びつきを明瞭には自覚してはいなかったように思われます。

実際、産業革命以降にこの世に姿を現した「新しいもの」は、一九世紀の西欧において、多くの風景画の主題となりました。パリのサン・ラザール駅を描くクロード・モネの連作、あるいは、「ヨーロッパ橋」「パリの街角、雨」などのギュスターヴ・カイユボットの風俗画、そして、何よりも、すぐ後にお話しするターナーの手になる「吹雪、港の沖合の蒸気船」「雨、蒸気、スピード、グレート・ウェスタン鉄道」……、一九世紀の画家たちの手になる実例を挙げることは、誰にでもできるはずです。

ジョン・ラスキンの位置

とはいえ、やがて、ピクチャレスクの追求と反近代の関係には、思いがけない観点から、思いがけない人物によって光が当てられます。また、両者の連繫に光が当てられ、ピクチャレスクの観念と絶景の美学がともに問題として姿を現します。

なぜ絶景の美学から近代に対する異議申し立てが帰結するのか、なぜ絶景の美学が旅行者たちを周縁へと誘うのか。この問いに答えるためのヒントを私たちに差し出すのは、ジョン・ラスキン（一八一九～一九〇〇年）です。ラスキンは、絶景の美学の系譜の最後に姿を現し、そして、これを疑わしいものとして斥けたのです。

しかし、絶景の美学の敵対者としてラスキンが姿を現すという説明を耳にして、これに違和感を覚える人は少なくないはずです。というのも、一九世紀半ばのイギリス文化に少しでも知識があるなら、ラスキンの名は、何よりもまず、近代の批判と中世への回帰を想起させるものだからであり、一九世紀のイギリスの社会や文化に対するラスキンの態度は、絶景の美学と調和しないはずがないように見えるからです。

ラスキンは、ヴィクトリア朝時代に活躍した美術批評家であり、同時代を代表する著述家の一人です。完成までに二〇年近くの歳月が費やされた大著『近代画家論』(一八四三〜一八六〇年)を始めとして、『ラファエル前派』『ヴェネチアの石』『芸術経済論』『ゴシックの本質』など、美術、建築の分野において多くの作品を遺しています。

E・M・フォースターの『眺めのいい部屋』(一九〇八年、西崎憲・中島朋子訳、ちくま文庫)は、二〇世紀初めのイギリスとイタリアを舞台とする有名な長篇小説です。この作品では、フィレンツェを訪れた登場人物たちが建築や彫刻を鑑賞する際、イタリア美術の専門家としての「ラスキン氏」(Mr. Ruskin)に——ときには好意的に、ときには冷ややかに——言及する場面が何回か描かれています。この事実は、一九世紀後半の文化的な状況においてラスキンが公認の権威であったことを示しています。

また、彼には、美術や建築を主題とする著作ばかりではなく、広い意味における文明批評に分類される著作もあります。

ラスキンは、ヴィクトリア朝の文化を理解するのに避けて通ることのできぬ著述家に数えられてきました。さらに、ラスキンについて、典型的にヴィクトリア朝的な知識人、それどころか、社会の良識を擁護する退屈な知識人という印象を持つ人は少なくないかも知れません。右に挙げたフォースターの小説において作者自身、あるいは登場人物たちがラスキンについて語るときの微妙な態度は、このような評価を反映するものであると言うことができます。

ラスキンに対する彼の同時代の評価や印象は、彼が執筆、公刊した文明批評に根を持つものであると言うことができます。同時代に対するラスキンの立場をもっとも雄弁に物語るのは、『この最後の者にも』『ムーネラ・プルヴェリス』など、「政治経済学」をテーマとする著作です。(現代の日本語で「経済学」と呼ばれている学問分野は、当時は「政治経済学」〔political economy〕と呼ばれていました。主に「家政学」〔domestic economy〕から区別するためです。)

これらの著作において、ラスキンは、彼の時代の社会生活を支配していた産業資本主義、そして、これと一体をなす功利主義や社会的ダーウィニズム——優勝劣敗、弱肉強食を社会秩序として肯定する思想——を強く否定し、共同体の内部においてすべての人間の尊厳が保証されていた(とラスキンが夢想する)中世の社会へと回帰すべきことを主張します。ラスキンの立場は、本質的に反近代であることになります。そして、ラスキンが反近代の著述家であるかぎりにおいて、彼は、ピクチャレスクな旅行者たちや風景論の過激派の正統な後継者であるように見えます。

実際、ラスキンは、若いころからイギリスを離れて何回も大陸に渡り、自然の眺めや古い建築物の観察に膨大な時間を費やしています。これが一種のピクチャレスクな旅であることは間違いありません。

「低級なピクチャレスク」の解体

たしかに、ラスキンにとっても、風景論の過激派にとっても、産業革命が原因で惹き起こされた社会の変化は、否定的に受け止められるべきものでした。しかし、風景論の過激派の場合、新しいものに対する敵対的な態度は、絶景の美学と一体をなすものであったのに対し、ラスキンは、社会に対する同じ態度を風景論の過激派と共有しながら、それとともに、ピクチャレスクの観念を全面的に斥け、絶景の美学の枠組をそれ自体として一つの問題と見なして否定的に評価します。ラスキンの場合、古いものの尊重は、ピクチャレスクを前提とするものではなかったことになります。

ラスキンは、絵画、彫刻、建築などを語るのにおびただしい量の言葉を費やしてきたにもかかわらず、ピクチャレスクの意味と評価については多くを語りません。公刊された著作の範囲でピクチャレスクについて意味のあるややまとまった発言が最初に姿を現すのは、一八四九年の『建築の七灯』（*Seven Lamps of Architecture*）です（第六章第一二節以降）。ただ、『建築の七灯』において表現を与えられているのは、建築と装飾という文脈の内部におけるピクチャレスクの意味であり、ラスキンの立場を全体として確認するのに十分なものではありません。

とはいえ、ピクチャレスクの問題は、その後もう一度、いくらか包括的な仕方で取り上げられます。一八六〇年に公刊された『近代画家論』（*Modern Painters*）第五部のうち、冒頭に置かれた第一章には「ターナー的ピクチャレスクについて」（Of the Turnerian Picturesque）という標題が与えられ、ここでは、ピクチャレスクをめぐるラスキンの見解が風景画との関係において語られます。『近代画家論』のこの箇所に付された脚註において、ラスキンは、『建築の七灯』の第六章第一二節の参照を読者に求めており、この事実は、両者が文脈を共有していることを雄弁に物語ります。実際、両方の著作におけるラスキンの見解を合わせることにより、絶景の美学のうちにラスキンが認めた問題が明らかになります。

なお、「ターナー的ピクチャレスク」の「ターナー」とは、一九世紀前半のイギリスを代表する風景画家ジョゼフ＝マロード＝ウィリアム・ターナー（一七七五〜一八五一年）を指します。ターナーは、ラスキンにとり、近代の美術史の到達点に位置を占める存在であり、この意味において一種の偶像でした。

ラスキンが『近代画家論』という途方もなく大きな著作の執筆と公刊を計画したのは、ターナーの美術史上の意義をめぐるみずからの立場を明らかにするためであったと一般に考えられています。当然、ラスキンにとり、本当の意味におけるピクチャレスクは、ターナーの作品において出会われるものでなければなりませんでした。

ところで、『近代画家論』において、ラスキンは、通俗的な意味におけるピクチャレスクを「表面的なピクチャレスク」（the surface-picturesque）「低級なピクチャレスク」（the lower picturesque）などと名づけ、これが一七世紀末に美術の世界に導入された「いかがわしく疑わしい」（suspicious and questionable）感覚であると語ります。もちろん、ラスキンが「ターナー的ピクチャレスク」と名づけるものは、通俗的なピクチャレスクとは反対の性格を具えたピクチャレスク、「本当の」（true）「高貴な」（noble）「高級な」（higher）ピクチャレスクの位置を与えられます。

ラスキンによれば、通俗的なピクチャレスクは、主に「廃墟」（ruin）を眺めることで得られる「悦び」（delight）として認められているものです。ラスキンは、クロード・ロランの作品に描かれたみすぼらしい構造物や廃墟などを例に挙げ、このような作品が与える悦びが「崇高」（sublimity）に分類され、このかぎりにおいてこの作品がピクチャレスクであること、しかし、その崇高が、事物の本性に由来するものではなく、むしろ、主題となるものに外部から付着した性格であることを主張します。ラスキンに従うなら、その後の風景画家の作品において表現を与えられてきたピクチャレスクについても事情は同じであり、このようなピクチャレスクは、「寄生的」（parasitical）な「外面的」（outward）な崇高と見なされねばならないことになります。

実際、このような意味におけるピクチャレスクな風景画の点景として繰り返し描かれてきた風車やコテッジが崇高に見えるとしても、この崇高は、構造物の「本性」（nature）ないし「内的性格」（inner character）に由来するものとは見なされません。むしろ、ピクチャレスクな風景画では、対象の本質は無視され、色彩や形状などの外面的な効果により、風車やコテッジに崇高な外見が与えられているにすぎないとラスキンは考えます。

ラスキンがカレーの教会に認めたもの

『近代画家論』においてラスキンが通俗的なピクチャレスクと対照させ、本当の意味における崇高、つまり、本性に由来する崇高を感じさせるものの例として取り上げるのが、ドーヴァー海峡に面したフランス北部の港町カレーのカテドラルであるノートルダム教会とその尖塔です。

一三世紀に建設されたこの教会の屋根や外壁は、(おそらく一八五〇年代に)ラスキンがカレーを訪れたときには、すでに六〇〇年以上にわたり風雨や海峡からの海風に浸食され、ひどく傷んでいたようです。それでも、教会は、これを眺める者たちに悦びを与えるとラスキンは語ります。

まず、ラスキンに従うなら、この教会は、あらゆる「美、好ましさ、誇り、優美」を奪われながら、それにもかかわらず、眺める者の目に映るみずからの姿には何の関心も示さず、同情を求めることもなく佇んでいます。これは、この教会をラスキンが高く評価する理由の一つです。

しかし、ラスキンは、もう一つ、重要な事実を指摘し、次のように言います。

〔教会は、〕廃墟とは異なり、いたましくもなければ使用不可能(useless)でもないし、弱弱しくもなければ、すばらしかった日々のことを饒舌に語るわけでもない。そうではなくて、〔教会は、〕まだ役に立っている(useful)のであり、日々の務めをこなしているのである。それは、老いた漁師が、度重なるしけにさらされて白髪になりながらも、日々網をたぐって漁を続けているのと同じである。教会は、このような姿で佇んでいるわけだが、自分の過ぎ去った若い日について不平を言うことはない。たしかに、力強さは損なわれ、使い勝手は悪くなってはいるが、教会は、人々の魂を今でもその下に集めている。そして、祈りのために鳴らされる鐘の音は、その〔屋根にできた〕亀裂を通してとどろいているのである。……

時間の経過とともに古くなり、傷みがひどくなった構造物が、それにもかかわらず、みずからの傷みなどどうでもよいことであるかのように街の中に佇み、そのまま使われ続けている……、ラスキンに従うなら、本当の意味での崇高の感情を惹き起こすのは、構造物のこのような姿なのです。

また、カレーのノートルダム教会に限らず、古いものと新しいものの連続、すなわち、「現在の生活のただなかに年古りたものがあり、これが、古いものと新しいものを調和あるものとして一つにする」というのは、ヨーロッパ大陸ではどこでも実現されていることであるとラスキンは言います。

一方において、一三世紀初めに建設が始まった教会は、六〇〇年以上にわたり、カレーの住民の生活様式を規定する物理的な要素の一つであり続けています。しかも、他方において、この古い教会は、一九世紀後半のカレーの住民の文脈の内部に位置を与えられ、必要な修繕を施されながら使用されているのです。ラスキンは、古いものが現在の生活を規定しながら、それとともに、現在の生活の内部においてこの古いものが新しい価値と意義を与えられ、現在に属するものとして使用されることを評価します。

ラスキンは、カレーのノートルダム教会が崇高と見なされるべき理由を、教会と住民の生活のあいだに認められるこのような相互作用に求めます。ラスキンは、別の箇所において、大陸では八世紀や一〇世紀に建設された建物が新しい建物と並んで一つの街路を形作っていることを指摘し、これを過去と現在の連続の理想として評価しています。

ところが、ラスキンによれば、イギリスでは、事情が異なります。

イングランドでは、私たちには、自分たちの新しい街路、自分たちの新しいホテル、自分たちの刈り込まれた緑の芝生があり、また、自分たちの廃墟のかけらがある。ただし、廃墟は、こうした〔新しい〕ものから浮き上がっている。——それは、中世の単なる標本（specimen）であって、見物に供されるためにちょっとしたビロードのカーペットの上に置かれるが、サイズによっては、そのまま博物館の陳列棚に隠されてしまうこともあるかも知れない。

ヨーロッパとは異なり、イギリスの場合、過去は、廃墟として保存、保管の対象となることにより、現在との連続を失うとラスキンは考えます。同時代のイギリスに関し否定的に受け止めら

図16 スタンフィールド（左）とターナー（右）が描く風車小屋（ラスキン『近代画家論』第4巻〔第5部〕）

れねばならないのは、産業革命の結果として姿を現した新しいものが古いものを破壊するからではありません。年古りたものを、自分の時代には属さぬものとして分離し、保存し保管することがラスキンの目に問題として映ったのです。イングランドでは、すべてが生きた現在と死んだ過去の二種類に截然と分かたれ、「死せるものには死んでいるという以外のあり方がない」（the dead are dead to purpose）とラスキンは語り、これを大いに嘆いています。

大切なのは過去ではなく、過去と現在の連続

みすぼらしくなろうとも、ひどく傷もうとも、古いものは、新たな文脈の内部において繰り返し新しい意義を与えられ、使われ続けられることで本当の意味において崇高なものとなり、本当の意味においてピクチャレスクなものとなるとラスキンは考えます。したがって、どれほど古いものであっても、現

代の生活の文脈の内部に位置を持たぬ構造物は、崇高でもなく、ピクチャレスクでもないことになります。

そして、古いものと新しいものの関係をめぐるこれら二つの立場の差異は、「低級なピクチャレスク」と「高級なピクチャレスク」の区別に重ね合わせられます。

両者の関係を明らかにするため、ラスキンは、ともに風車小屋を主題とする二人の画家の二点の作品を取り上げ比較します。すなわち、一八一一年ころに描かれたと推定されるターナーの習作「風車と水門」（Windmill and Lock）と、ターナーの同時代に活躍し海景画を得意とした画家クラークソン＝フレデリック・スタンフィールド（一七九三〜一八六七年）の風車のスケッチ（にもとづいて製作されたジョン・カウセン〈一八〇四〜一八八〇年、風景版画家〉の版画）が比較されます。もちろん、ラスキンにとり、ターナーの習作は、「高級なピクチャレスク」の表現であり、スタンフィールドのスケッチにラスキンが見出すのは、通俗的な「低級なピクチャレスク」以外ではありえません。

いずれも風車小屋を主題とするスタンフィールドとターナーのスケッチの比較にもとづいてラスキンが指摘するのは、次の二つの点です。

まず、①ラスキンによれば、スタンフィールドのスケッチに描かれた風車小屋は――正確に描かれているのなら――この上なくみすぼらしい外観を具えています。帆を張った羽根車はねじ曲がり、小屋の外壁は雑草で覆われて今にも崩落しそうであり、風向きに合わせて風車の方向を変えるために使われるべき梃子がその本来の役割のとおりに動くようには見えず、むしろ、固定されたつっかえ棒のように描かれているとラスキンは指摘します。

それにもかかわらず、スタンフィールドが小屋のみすぼらしさに心を痛めているようには感じられません。むしろ、風車小屋の現状がいかなる意味においても悦ばしいものではないのに、スタンフィールドは、これを何か悦ばしいもの、目を楽しませるものとして描写しているとラスキンは言います。ラスキンによれば、このスケッチは、対象の本性への「共感」（sympathy）を欠き、「思いやりを欠いている」（heartless）のであり、これが通俗的な「低級なピクチャレスク」の特徴であることになります。

これに反し、「ターナーは、自分が描く風車小屋を眺めることに悦びを覚えない」（Turner has no joy of his mill）とラスキンは断言します。むしろ、ラスキンによれば、ターナーは、自然の圧倒的な力に抗し、暗い空を背景に回転し続ける風車に人間の労働の悲惨を読み取ったのであり、風車小屋は、このような重苦しい状況への深い「共感」とともに描かれたものでした。そして、高級なピクチャレスクあるいはターナー的ピクチャレスクは、まず、対象のあり方に対する共感によって低級なピクチャレスクから区別されねばならないことをラスキンは強調します。

さらに、②風景の享受との関係において同じように重要なのは、次の点です。すなわち、スタンフィールドの風車小屋がもはや実際の使用には堪えない廃墟であるのに反し、ターナーの風車小屋が「まだ使用可能」（still serviceable）である点です。たしかに、この風車小屋の姿はみずぼらしいものであり、そこに目を楽しませるような要素が何もないことをラスキンは認めます。それでも、風車小屋が、粉を碾《ひ》き、日々の最低限の糧を得るための過酷な労働の手段となる構造物——これが風車小屋の本質です——として描かれていることは明らかであり、この点は、たとえば、小屋の外、壁ぎわの地面に描かれた碾臼《ひきうす》によって確認することができるとラスキンは言います。

ラスキンが「低級なピクチャレスク」「表面的なピクチャレスク」などと名づけるものは、みすぼらしいもの、みじめなものを目にするとき、共感をあえて遮断し、これを悦ばしいもの、崇高なものとして受け止める態度のうちに見出されるものでした。また、絶景の美学は、この意味におけるピクチャレスクを尺度とするものです。

これに対し、ラスキンが肯定的に評価するピクチャレスクとは、描かれる対象に深い共感を寄せ、この対象の本質または真相を露呈させることによって初めて表現されるものであり、ラスキンは、このようなピクチャレスクをターナーの作品のうちに認めます。(なお、ラスキンは、やはりターナーと同時代の画家サミュエル・プラウト〔一七八三〜一八五二年〕の作品もまた、本当のピクチャレスクの表現として評価しています。)

「修復とは最悪の方法による破壊である」

ラスキンのこのような対比に従うなら、現実の生活環境の内部に位置を持たず、むしろ、現在の生活から乖離したただ古いだけのものは、崇高でもなくピクチャレスクでもないことになります。

傷んだ構造物を修繕し、古いなりに使用可能なものとするのではなく、現代の社会生活の文脈から切り離し、いわば「文化財」として保存することが修復の目標であるなら、それは、修復ではなく破壊にすぎないことをラスキンは強い調子で語ります。

一般の大衆によっても、また公共の記念建造物を管理するものによっても、復元(restoration)という言葉の本当の意味は理解されていない。現代では建築が極端に全体破壊を受けたり、破片の一つさえも集めることができないほどの破壊をしたり、そして破壊されたものについて偽った描写を伴った修復や復元をしている。この重大な問題で、妥協しないようにしよう。完全に修復すること、それは不可能(impossible)なことである。かつては偉大であった建築、あるいは美しくそびえていた建築を全く蘇らせることは、死者を立たせるように不可能なことである。私がすでに建築のすべては生命だと主張した職人の手と目によって得られた当初の精神は、決して呼び戻すことはできないのである。他の精神は他の時代によって作られる。新しい時代に手が加われば新たな建築となる。死んだ職人の精神を呼び起こし、新しい時代の人の手や思想を指導するよう命じることはできない。……古いものはそれでもある生命を持っていた。それがかつてあったもの、そして失われたものにはある不思議な暗示があった。雨や太陽の作用するやわらかな線にある甘美さがあった。新しく刻まれたものの粗野な堅さの中には何もない。……修復の手法の第一段階は、なんとオリジナルを粉砕してしまうことにあるのだ。……第二段階は、一見して見破られないような方法で、最も低廉で卑劣な模倣を作ることをしているのだ。……（『建築の七燈』〔杉山真紀子訳、鹿島出版会〕二七五ページ以下）

私たちに許されるのは、人間によって作られたものが古くなったとき、使用可能な状態を維持するためにこれを修繕することにすぎません。時間の経過とともに古いものとなり、そして、傷み、壊れ、朽ちて行くことは、建築、絵画、彫刻を始めとするすべての人工的なものにとって避けることのできない運命であり、すべての造形藝術は、この運命を含め全体として享受されるべきものだからです。

この観点から眺めるなら、通俗的な「低級なピクチャレスク」にラスキンが認めた問題は、おのずから明らかになります。すなわち、このタイプのピクチャレスクが成立するためには、対象となるはずの古いものの本質的な部分に対する「共感」をあえて遮断し、その眺めを、現実の文脈から切り離された一つの作品として享受する態度が必要となります。

古い建築物、あるいは、風景画において描写されるみすぼらしい風車やコテッジが現実に使用され、現代の社会生活の文脈の内部において位置を与えられていることは必要ではないばかりではありません。むしろ、視界に姿を現すものの使用可能性は、そこにピクチャレスクなものを見出す試みにとり障碍となります。

古いものは、その古さにおいて、厳密に言うなら、その使用不可能性において――あるいはみすぼらしさにおいて――維持されなければなりません。廃墟を含め、もはや使用されることのない、また、使用することのできない古いものは、現代の文脈から切り離されて保存され、保管され、そして、修復されなければならないのです。

現代の社会生活の文脈の内部に位置を占め、しかるべき役割を担っているもの、みずからに与えられた役割によって現代の生活を規定しながら、それとともに、現代の生活の文脈の内部における役割に応じてみずからの姿を変えてしまうようなものは、それが古い時代に由来するものであるとしても、そこに「低級なピクチャレスク」を認めることはできません。反対に、もはや動かない風車、今にも崩れ落ちそうなコテッジ、雑草に覆われた廃墟……、目的手段連関のネットワークからこぼれ落ち、そこに佇んでいるだけのもの、佇んでいることによって私たちの注意を惹くものにこそ、寄生的な外面的な崇高が宿るのであり、その眺めは、その眺めのままにとどまっていなければならないことになります。時間による変化、文化的、社会的な文脈を無視して対象を写し取り固定化することが低級なピクチャレスクの条件なのです。

目の前の眺めを人工物に見立て、これを鑑賞する

当然、ピクチャレスクを評価の尺度とするものであるかぎり、風景もまた、目に映るものへの共感をあえて遮断し、これを一つのスタティックな作品と見なすことにより初めて姿を現します。絶景の美学は、視界から実物大の風景画を切り取るばかりではなく、この実物大の風景画に対し、時間の経過とともに変化すること、少なくとも、眺める者がコントロールすることのできないような仕方で変化することを禁じます。建築物が修復され、絵画や彫刻が修復されるのと同じように、絶景の美学を前提とするかぎり、風景もまた、ピクチャレスクなものであり続けるためには、修復されねばならないのです。

たしかに、作品は、作品であるかぎり、作者の意のままにならないような種類の根本的な変化を被ることはありません。たとえば、レンブラントの大作「夜警」（一六四二年）に写し取られた何十人かの人物が勝手に歩いていつの間にか画面の外に姿を消し、アムステルダム国立美術館の展示室の壁に「単なる夜」を描いた油彩画が残されるなどということはありません。

あるいは、現実の世界において地球温暖化がどれほど進行しても、フリードリヒの「氷の海」（一八二三〜二四年）の画面に見える氷がすべて溶け、ハンブルク美術館に展示されている作品が「単なる海」に変化する可能性はありません。画面に描かれ、作品として固定された絵画は、物理的に破壊されないかぎり――あるいは、漫画「ドラえもん」に登場する「つづきスプレー」のような装置が開発されないかぎり――作者が決めたとおりの姿をいつまでも変えないものなのです。

同じように、庭園もまた、作者の意のままにならないような変化を許容しません。フランス式庭園に代表される人工的な庭園が予期せぬ変化を認めないばかりではなく、イギリス風景式庭園が目指す自然らしさもまた、設計された自然らしさにすぎぬ以上、勝手な変化を許容するものではありません。

庭園の樹木の一本に雷が落ち、この樹木が焼けた状態で倒れるとします。これが「なま」の自然の内部で起こった出来事であるなら、この倒れた樹木は、朽ちて土に還るまで放置されるでしょう。しかし、人の手で庭園に植えられた樹木であるかぎり、この樹木は、ただちに取り除かれ、そして、新しい樹木がそこに植えられるはずです。落雷は、庭園の作者が望んで発生させたものではない以上、落雷が原因で惹き起こされた変化は、好ましくないものであり、もとに戻すことが必要となります。つまり、修復されなければならないのです。況《ま》して、庭園の内部に、作者の気づかぬうちに新しい池が生れたり、作者が知らない新しいコテッジが見つかったりするなど、ありうべからざることでしょう。庭園というのは、フランス式庭園であれ、あるいは、イギリス風景式庭園であれ、人の手によるたえざる維持、管理、保存、修復を要求する点において違いはないと言うことができます。

イギリス風景式庭園は、これに先立つすべてのタイプの庭園とは異なり、「自然らしさ」を追求するものであったと普通には考えられています。すなわち、古代ローマ以来、庭園は、自然物を物理的構成要素とするものであるとしても、「なま」の自然からは明瞭に区別された閉ざされた空間――大抵の場合、この世ならぬ空間、「楽園」（paradise）として設計されてきました――であり、この意味において、伝統的に「閉じた庭」（hortus conclusus）と呼ばれてきました（ケネス・クラーク『風景画論』〔佐々木英也訳、ちくま学芸文庫〕）。

これに対し、「なま」の自然に似た眺めを追求するイギリス風景式庭園は、「開かれた」庭園としてみずからを規定してきたという印象を与えます。しかし、庭園が一つの作品であり、人工物であり、時間の経過の内部における意図せざる変化から保護され、維持され、修復されるべきものであるかぎりにおいて、イギリス風景式庭園もまた、その本質においては「閉じた庭」以外ではありえません。閉じた庭であることによってのみ、庭園は、ピクチャレスクの観点から評価されることが可能となります。

絶景の美学は、風景を自由に眺めることを許さない

風景画と風景式庭園が意のままにならない変化を許さぬものであり、たえざる修復によってもとの姿が維持されねばならないとするなら、同じように、ピクチャレスクな絶景もまた、この眺めを他ならぬ絶景として視界から切り抜いた者の意のままにならない変化を免れなければなりません。新富山《しんとみやま》（宮城県松島町）からの松島の眺めは、いつまでも同じものでなければならず、二見浦（三重県伊勢市）の夫婦岩は、決して崩れてはならず、渡月橋と桂川と周囲の山林を構成要素とする嵐山（京都府京都市）の眺めは、橋梁の補修、植林、樹木の剪定、清掃などにより、同

じ姿をとどめなければならないと考えられています。つまり、この場合、風景は、三次元空間に再現された実物大の風景画、タブロー・ヴィヴァンに見立てられているのです。

絶景の美学が風景に対しスタティックな作品であることを要求し、勝手な自律的な変化を禁じるものであるなら、当然、このような風景観のもとでは、風景の一つひとつに関し、「正しい眺め方」なるものがその都度あらかじめ想定されていなければなりません。風景を「正しく」鑑賞するとは、「正しい」地点、「正しい」方向、「正しい」季節、「正しい」天候、「正しい」時間、「正しい」姿勢などを前提として初めて目に映るものを享受することです。正しくない場所から鑑賞されたり、あいにくの天気のもとで鑑賞されたりするときに、視界に映るものは風景とは認められないことになります。

レンブラントの「夜警」やフリードリヒの「氷の海」が、天地を逆にして展示されたり、不透明なガラスで画面が覆われたりしたら、私たちは誰でも、このような状態を作品の鑑賞に対するノイズとして受け止めるでしょう。同じように、絶景の鑑賞には、「天気がよければ」「春なら」「日没の時間なら」「あの展望台から見れば」「股のあいだから覗けば」などの条件が必要となります。

第二章の冒頭で、私は、鎌倉の稲村ヶ崎から眺めることのできなかった富士山についてお話ししました。稲村ヶ崎に立つとき江ノ島の背後に見えるはずであった富士山の映像は、悪天候というノイズにより搔き消されたのであり、稲村ヶ崎からの絶景の鑑賞は、好天を前提とするものだったのです。

しかし、風景が「正しい」条件の下で眺めないかぎり姿を現さないものであり、つねに「正しい」眺め方を要求するものであるとするなら、つまり、原則としてただ一通りの「正しい」受け止め方しか許容しないものであるなら、風景を眺めることは、窮屈であるとともに退屈でもあるように思われます。「窮屈」であるのは、絶景を前にしたら、これを絶景として承認することを強いられるからであり、「退屈」であるのは、現地で私たちが眺めるのが単なる映像であるなら、わざわざ現地に足を運ぶことなど必要ではないからです。

絶景とは「風呂屋のペンキ画」のことである

絶景が窮屈であり退屈であるかぎり、「絶景」と呼ばれているものを前にするとき、ある小さな違和感を心に抱かざるをえません。そして、この違和感は、一方において、風景が人工物に見立てられ、自律的な変化が許されないこと、他方において、正しい「眺め方」を一人ひとりが要求されることに由来します。そして、私たちは、絶景を前にするときのこの違和感に対し一人の作家が表現を与えたことを知っています。

一九三九（昭和一四）年、太宰治は、「富嶽百景」という表題を持つ短篇小説を発表します。これは、前年の秋、井伏鱒二に勧められ、太宰が河口湖に近い御坂峠《みさかとうげ》にある旅館「天下茶屋」に滞在したときの経験にもとづいて執筆されたいわゆる「中期」の代表作の一つであり、「富士には月見草がよく似合ふ」という表現で有名な作品です。

作品の冒頭において、太宰は、天下茶屋の位置を説明したのち、次のように語ります。

井伏氏は、仕事をして居られた。私は、井伏氏のゆるしを得て、当分その茶屋に落ちつくことになつて、それから、毎日、いやでも富士と真正面から、向き合つてゐなければならなくなつた。この峠は、甲府から東海道に出る鎌倉往還の衝に当つてゐて、北面富士の代表観望台であると言はれ、ここから見た富士は、むかしから富士三景の一つにかぞへられてゐるのださうであるが、私は、あまり好かなかつた。好かないばかりか、軽蔑さへした。あまりに、おあつらひむきの富士である。まんなかに富士があつて、その下に河口湖が白く寒々とひろがり、近景の山々がその両袖にひつそり蹲《うずくま》つて湖を抱きかかへるやうにしてゐる。私は、ひとめ見て、狼狽し、顔を赤らめた。これは、まるで、風呂屋のペンキ画だ。芝居の書割《かきわり》だ。どうにも註文どほりの景色で、私は、恥づかしくてならなかつた。

太宰は、天下茶屋から見える富士山について「あまり好かなかつた」「軽蔑さへした」と記します。富士山の姿が「あまりに、おあつらひむき」だからです。つまり、その姿は、「風呂屋のペンキ画」「芝居の書割」であり、「註文どほりの景色」であり、これが、太宰が「狼狽し」「顔を赤らめ」、そして、「恥づかしくてならなかつた」と感じる理由でした。

恥ずかしさ、つまり、「真正面から」向き合うべきではないものと「真正面から」自分の意に反し対面してしまったことに由来する感情は、絶景を前にするときの自然な反応であると私は考えます。この箇所は、太宰に固有の諧謔の表現ではなく、むしろ、さしあたり文字通りに受け取られるべきであるように思われます。太宰自身が説明するように、天下茶屋からの眺めは「おあつらひむき」であり、太宰のまなざしが新たな意味を与える余地などそこに残されていなかったことは確かだからです。

太宰が天下茶屋から眺めた絶景は、葛飾北斎の手になる浮世絵版画の連作『富嶽三十六景』の一つ「甲州三坂水面」、あるいは歌川広重の連作『富士三十六景』に含まれる「甲斐御坂越」以来、際限なく複製され、消費され、陳腐化してきたものです。たしかに、御坂峠からの現実の眺めは、北斎や広重の作品とまったく同じというわけではありません。それでも、太宰が天下茶屋に滞在したときには、彼らの作品の発表から相当な時間が経過し、天下茶屋からの眺めには、すでに何十年も前に意味が与えられ、その眺め方はあらかじめ決められていました。この眺めは、太宰にとり、そのまま受け取るほかはないものであり、風景の物理的残滓の視覚像にすぎぬものであったことになります。

風景が人工物に見立てられ、意のままにならぬ変化を許さぬものと見なされるかぎり、風景に対する態度は反作用的なものとなることを避けられません。自然、廃墟、コテッジ、風車……、レンブラントの「夜警」に描かれた人物が何百年ものあいだ同じ姿勢を取り続けているように、また、フリードリヒの「氷の海」が「氷の海」であり続けているように、風景は、つねに同じ風景でなければならず、眺める者の注意を奪うような新しい要素があとから入り込むことは決して許されないのです。

そして、この意味において、絶景の美学が評価するピクチャレスクな風景とは、本質的にユートピアであると言うことができます。

文学のユートピア

世界の文学には、「ユートピア小説」の名を与えられたジャンルの作品があります。現実の空間との連続を欠いた架空の場所で物語が進行する作品のことです。

このジャンルを代表する作品は、トマス・モアの『ユートピア』です。モアの『ユートピア』がこのジャンルを代表すると一般に考えられているのは、このジャンルを指し示す「ユートピア」(**utopia**)という名詞がこの作品において初めて使われたからです。「ユートピア」は、ギリシア語の否定の副詞 *ou* と場所を意味する *topos* からなる名詞であり、文字どおりには、「どこにもない場所」を意味します。これは、古典ギリシア語に由来する言葉ではなく、モアの造語です。『ユートピア』の舞台に設定されたのは、「ユートピア国」という名の島国です。モアは、彼が生きた時代のイギリス政治と社会の好ましくない傾向をすべて反転させることにより、イギリスとは反対と彼が考える理想国家を作り上げます。これがユートピア国です。「ユートピア」の文字通りの意味が中立的な「どこにもない場所」であるにもかかわらず、大抵の場合、この言葉は、理想郷の意味で用いられてきました。モアの作品の舞台となるユートピア国が理想国家として描かれたからであるに違いありません。

西洋の文学が理想郷としてのユートピアを繰り返し描いたのは、一五世紀から一八世紀のあいだです。モアの『ユートピア』とともに「三大ユートピア小説」に数えられるフランシス・ベーコンの『ニュー・アトランティス』とトンマーゾ・カンパネッラの『太陽の都』もまた、この時代の作品です。たしかに、モアの『ユートピア』は、ユートピア小説の系譜に属する唯一の作品でもなく、最初の作品でもありません。モア以前には、たとえばルキアノスの小説『本当の話』があり、モア以後には、たとえばシラノ・ド・ベルジュラックの『日月両世界旅行記』がありま す。それでも、モアが作った「ユートピア」という言葉が現在でも用いられているのは、モアの作品が「ユートピア小説」全盛の時代の作品だからなのでしょう。

ところで、ユートピア小説には、現実の政治や社会に対する風刺の役割が期待されるのが普通でした。ダニエル・デフォーの『ロビンソン・クルーソー』やベルナルダン・ド・サン゠ピエールの『ポールとヴィルジニー』がユートピア小説に分類されないのは、これらが現実の社会に対する風刺や批判に乏しいからであると考えることができます。ユートピア小説とは、本質的に風刺文学であり、作者のまなざしは、つねに現実の具体的な諸問題に向けられてきたのです。政治家としてのトマス・モアが当時の国王ヘンリー八世の離婚に反対して失脚し、最終的に処刑されたという事実は、ユートピアを語る文学の本質を明瞭に示しています。ベーコンとカンパネッラもまた、同時代の政治に深く関与していました。

理想都市のユートピア

しかしながら、「ユートピア」という言葉がモアの手になる物語に由来するにもかかわらず、文学は、ユートピアに何らかの表現を与える試み全体において必ずしも中心的な位置を占めてはいません。歴史を振り返るなら、ユートピアを語ることの本質が風刺にあったわけではないことがわかります。

ユートピアに表現を与える意義は、何らかの理想を図解する作業に認められてきました。前に表題を挙げた『ユートピア』『ニュー・アトランティス』『太陽の都』では、物語の舞台となる理想都市が詳しく描写されています。

実際、ユートピアを表現する主な手段は、文学ではなく、絵画や設計図に求められてきました。具体的には、理想国家、理想都市などが繰り返し設計され、また、その姿が目に見えるように描写されるようになるのです。もちろん、このような絵画や設計図には、大抵の場合、現実に対する風刺も批判も認められません。

ルネサンス以降、絵画や設計図に表現された多くの理想都市のうち、もっとも有名なのは、(ギリシア語で「美徳の愛好家」を意味する)「フィラレーテ」の名で一般に知られる一五世紀前半のイタリアの建築家アントニオ・ディ・ピエトロ＝アヴェルリノ(一四〇〇ころ〜一四六九年ころ）の手になる理想都市の計画でしょう。フィラレーテは、ミラノ公フランチェスコ・スフォルツァの名を借り、この理想都市を「スフォルツィンダ」（Sforzinda）と命名します。

フィラレーテの手になるスフォルツィンダの平面図は、円とこれに内接する二つの正方形を重ねたものであり、街路が中心から放射状に作られ、教会、宮殿、市場、学校などを始めとする建築物が整然と配置されます。フィラレーテによれば、この理想都市のテーマ（！）は市民の道徳的完成です。都市の平面プラン、建物の配置や形状などが「美徳」の表現の役割を担うばかりではなく、都市の中心部には、「美徳と悪徳の家」と名づけられた一〇階建の建築物が配置されます。この建物の一つひとつの階は、市民が道徳的完成までに通過すべき一〇の段階の寓意的な表現であり、都市全体の目指すものの象徴となっています。

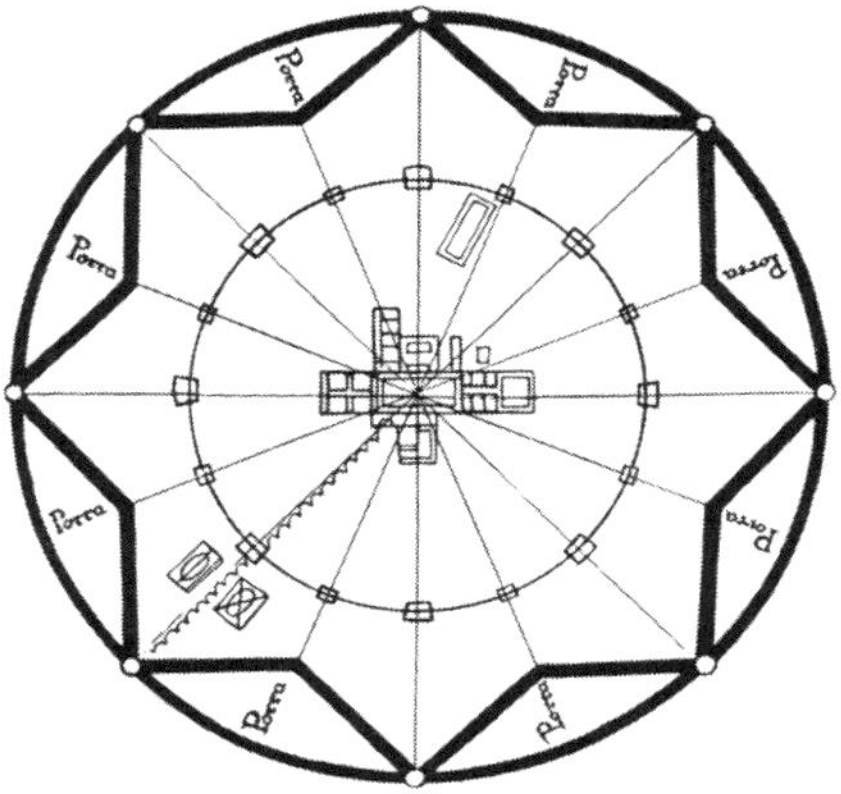

図17　スフォルツィンダの平面図

スフォルツィンダは、ルネサンス以降に絵画や設計図に現れた多くの理想都市の本質を極端な形で表しています。このような理想都市は、細部については決して同じではないとしても、それぞれ一つのテーマを持ち、都市全体がこのテーマの図解となるよう、建築物の配置、形状、素材、色、内部の間取り、内装など、細部にいたるまでデザインされている点では共通しています。つまり、これは想像上のテーマパークなのです。

パオロ・ロッシ（『普遍の鍵』〔清瀬卓訳、国書刊行会〕）やフランセス・イエイツ（『世界劇場』〔藤田実訳、晶文社〕『記憶術』〔青木信義他訳、水声社〕）が指摘するように、理想都市は、宇宙全体という「マクロコスモス」と照応する「ミクロコスモス」を作ることを目指してデザインされたものであり、したがって、理想都市には、宇宙の秩序の明確な表現という側面があります。言い換えるなら、理想都市の設計には、世界の表現としての側面が見出されるばかりではなく、ミクロコスモスを制御することによりマクロコスモスを支配するという高度に魔術的な要求すら認められるのです。

意識の牢獄としてのユートピア

しかし、少し冷静に考えるなら、ルネサンス以降に設計図や絵画に現れる理想都市というものは、「どこにもない場所」という意味ではユートピアではあっても、必ずしも理想郷ではありません。むしろ、「どこにもない場所」の本質は、これとは別の点に求められねばならないように思われます。

実際、少なくとも文学において描かれてきたユートピアの多くは、理想郷ではなく、悪夢のような空間、「ディストピア」（dystopia）の名にふさわしいものを読者に示してきました。たとえば、サミュエル・バトラーの『エレホン』やオルダス・ハクスレーの『すばらしい新世界』、さらに、ジョージ・オーウェルの『一九八四年』やアーサー・ケストラーの『真昼の暗黒』、さらに、フイリップ・K・ディックの『高い城の男』など、一九世紀後半以降に範囲を限るなら、ユートピア小説の大半は、事実上のディストピア小説と見なすことが可能です。

とはいえ、これらの小説が描くディストピアは、ユートピアと対立するものではなく、転倒したユートピアでもありません。ディストピアとは、ユートピアと一体をなすその裏面なのです。というのも、ユートピアが本質的に「意識の牢獄」であり、意識の牢獄であるかぎりにおいて、何か凶々《まがまが》しいものにまとわりつかれているからです。

私は、私が想像のみによって紡ぎ出す空間、つまりユートピアの内部において、本質的に新しいことを何も見出しません。つまり、この空間の内部で生起するのは、少なくとも私にとっては既知のことばかりです。

たとえば、ヨーロッパのどこかの都市にあるような架空のゴシック様式の古いカテドラルの内部を心に描いてみます。しかし、私は、視線を上下左右に向けることにより何が見えるか、あらかじめ知っています。なぜなら、教会の内部の物体の配置は、私自身によってあらかじめ決められているからです。

また、教会の天井が何本の柱で支えられているのか、数えてみるとします。しかし、私は、実際に数えなくても、答えをあらかじめ知っています。なぜなら、柱の数を決めたのは私であり、柱の数は、私が決めた数以外ではありえないからです。

現実の構造物、たとえば、ミラノ、パリ、ストラスブール、ケルンなどのカテドラルの内部に身を置く場合、そこには新しい事実、意外な事実の発見があり、言葉の本来の意味における経験に与ることが可能です。これに反し、心に描かれただけのカテドラルの内部を何時間さまよっていても、ステンドグラスの意匠から椅子の素材や疵《きず》にいたるまで、私が自分ですべてを決めている以上、いや、決めざるをえない以上、新しいことに出会う可能性は最初から閉ざされていると考えねばなりません。

このように考えてみるなら、ユートピアが意識の牢獄であることがわかります。それは、何よりも、「外部」「他者」というものを持たず、したがって、ただ退屈であるばかりではなく、脱出することが永遠に不可能な空間、途方もなく息苦しい空間なのです。決して覚めることのない夢のようなものであると言ってもよいかもしれません。

「他者」の不在

ユートピアが意識の牢獄であるのと同じ意味において、絶景もまた、意識の牢獄であり、変化を許さぬものであり、このかぎりにおいて一種のディストピアであると言うことができます。視界から風景画を切り抜く作業により、それは、現実の生活の文脈から切り離され、変化してはならぬものとして固定されることになります。以前に述べたように、ヨーロッパにおいて、「閉じた庭」は、「楽園」と重ね合わせられてきました。三次元空間に再現された実物大の風景画としての庭園、そして、視界から切り抜かれた風景画としての風景、これら二つが自律的な変化を許さぬものであることは、この意味において、当然であると言うことができます。

一八世紀後半以降のイギリスにおいて試みられたピクチャレスクな旅が絶景の美学にもとづくものであるかぎり、風景論の過激派に代表される旅行者たちが求めたものもまた、勝手な変化を許さぬものであり、変化の痕は修復によって消去されねばなりませんでした。どれほど古いものであっても、彼らの同時代の生活様式を規定しながら、同時代の生活様式の内部において意義と価値を与えられたもの、つまり、生きて自律的に変化するものは、ピクチャレスクではなく、また、風景とは見なされません。ピクチャレスクなものとして絶景を形作るものであるためには、現在からは決定的な仕方で切り離され、現在から切り離されたままの状態——いわば「死んだ」状態——で保存されていることが必要でした。自然は勝手に変化してはならず、人工物は、勝手に朽ちたり傷んだりしてはならないことになります。

ラスキンの指摘を俟つまでもなく、廃墟は、ピクチャレスクの観念が生れるとともに、ピクチャレスクな人工物の代表としてつねに探し求められ、描写され、さらに、場合によっては、以前に述べたように、造られることすらありました。この事実は、絶景が閉じた庭であり、意識の牢獄であり、ユートピアでもありディストピアでもあることを雄弁に物語ります。そこには、私たちが意識の他者に出会う可能性、つまり、本当の意味における経験に与る可能性は、最初から閉ざされているのです。

絶景の美学から少し距離をとり、厳密に考えてみるなら、私たちが普段の生活において風景として受け止めているものは、作品ではないことがわかります。たとえば、都市の内部に身を置くとき、私たちは、都市の風景に出会います。たしかに、都市の風景を形作る物理的な要素はほぼすべて人工物です。しかし、建物や道路が人工物であり作品であるとしても、これらを物理的な構成要素とする風景は、それ自体としては人工物ではなく、作品でもありません。それは、眺める者の意向とは無関係に、とどまることなく変化しており、また、変化すべきものでもあります。それは、私たちの意のままにならない変化であり、意のままにならない変化を含むことによって初めて、風景は、本当の意味における風景になるのです。風景を前にするとき、私たちは、本質的に新しいもの、意識の他者に出会うことになるはずです。

実際、現代の日本語におけるコミュニケーションにおいて「風景」という言葉を耳にするとき、私たちが最初に想起するのは、目に映る何かが、みずからの内在する原理に従い、眺める者とは無関係に、自律的な仕方で変化して行く様子であるはずです。風景との出会いにおいて、私たちは——さしあたり不知不識であるとしても——意識の他者を予想し期待しているのであり、この予想と期待は、風景というものの真相に合致するものであるように思われます。

風景は、情感的な体験を可能にする装置であるというよりも、本質的には、私たちのあり方を根本的に規定するような経験の境域であると考えねばならないように思われるのです。

風景の経験は快楽である

絶景の美学は、風景の享受が本質的に情感的（ästhetisch）な体験であるという了解を前提とするものでした。風景を評価する尺度が風景画から借用されているという事実、あるいは、風景がスタティックな作品に見立てられている事実は、風景に認められるものが美であるとしても、崇高であるとしても、あるいは、ピクチャレスクなものであるとしても、風景が情感的な仕方で評価されるべきものと見なされていることを雄弁に物語ります。これまで否定的な仕方で取り上げてきた風景観がこの書物において「絶景の美学」と名づけられた理由もまた、この点にあります。

しかし、風景の享受が本質的には情感的なものとは見なされえぬものであるにもかかわらず、現実には、一九世紀以降、風景は、情感的な認識の対象として、また、「美学」（Ästhetik）のテーマとして繰り返し取り上げられてきました。一九世紀末以降、現在まで、「哲学的」であることを標榜する風景論は少なくありませんが、その大半は、風景の享受が本質的に情感的なものであるという了解を自明の前提として受け容れています。

このような了解が現在にいたるまで支配的であるのは、風景と風景の物理的残滓（とその視覚像）がたがいに厳密に区別されず、風景の物理的残滓の性格を手がかりとして風景が規定可能であるというふうに漠然と考えられてきたからです。たしかに、厄介なことに、風景を物理的残滓として固定し実体化することは不可能ではありません。

情感的な仕方で把握されうるのは、そして、「絶景の美学」が実際に前提としてきたのは、風景が経験されたあとに生れる物理的残滓とその映像であり、本当の意味における風景ではありません。美学の圏域において風景の問題を主題化するかぎり、「絶景の美学」の引力から逃れることはできないでしょう。また、風景は、風景画や自然環境などとの類比によって語られるにすぎぬもの、明瞭な輪廓を欠いた観念にとどまるに違いありません。

ただ、風景に関し、これを情感的な享受の対象と見なす立場が誤りであるとしても、それでも、この立場には、誰にも否定することができない真理が一つ含まれています。すなわち、風景の享受が快楽であるという洞察です。風景がこれを眺める者に快楽を与えること、この快楽が風景の本質的に由来するものであること、この一点に関するかぎり、これまでの風景論は、決して間違ってはいなかったと言うことができます。

たしかに、風景を眺めるのは、これが楽しいからです。風景を眺めることが苦行であるなら、誰も風景などに注意を向けることはないでしょう。したがって、あらためて問われるべき点があるとするなら、それは、風景の快楽を単に情感的な平面における快楽、つまり美しいものを眺めることによる快楽と誤解した理由であることになります。しかし、これまでの説明によって、この点はもはや明らかであるように思われます。

それでは、風景の享受によって惹き起こされる快楽が単に情感的なものではないとするなら、それは、どのような快楽であるのか。次の章では、「風景とは何か」という問いに答えながら、風景の経験が私たちに差し出す快楽について考えます。

第四章

地平だったもの

この書物は、現代の風景論において支配的な風景観を「絶景の美学」と名づけます。第一章では、風景のテーマパーク化の問題を主題的に取り上げ、「日本的風景」なるものを一つの類型と見なしてこれを複製する試み――修景――により、本当の意味における風景の経験が妨げられていることを説明しました。第二章では、一八世紀後半から一九世紀初めのイギリスを中心として、風景にピクチャレスクなものを求める絶景の美学の輪廓を歴史的な観点からやや詳しくお話ししました。

そして、すぐ前の第三章では、絶景の美学が情感的な体験の枠組にとどまるものではなく、新しいものに対する異議申し立てのイデオロギーへと転化する理由を確認しました。絶景の美学に従うかぎり、風景は、自律的な変化を許さぬ作品であり、「閉じた庭」のユートピア(またはディストピア)であること、本当の意味における風景の経験に与る可能性が閉ざされていることを説明しました。現代の日本において数を殖やしている「和風の」「日本ぽい」空間は、風景に対し自律的な変化を許さず、他者であることを許さぬ誤った風景観の帰結として理解されるべきものなのです。

そこで、この最後の章では、この書物全体の枠組をなす問い、すなわち、「風景とは何か」という問いに答えを与え、絶景の美学によって覆い隠されてきた風景の真相を確認します。風景を眺めるとは何をすることであるのか、風景の経験とは何であるのかを哲学的な観点から明らかにします。

この章の前半では、風景が意識に対しどのように現れてくるのか、発生的に説明します。続いて、後半において、風景が私たちに何らかの富を差し出すとするなら、それがどのようなものであるのかを確認します。

とはいえ、私は、「風景とは何か」という問いに対する答えとして、何か驚くべき洞察を用意しているわけではありません。私がこれからお話しすることについて、「平凡なこと」「当たり前のこと」という印象を持つ人は少なくないと想像します。（「読むだけ無駄だった、時間を返せ」などと言う人があとから現れないことを願っています。）

実際、「風景とは何か」という問いに対しこの書物が与える答えの一部は、研究者たちがこれまで断片的に語ってきた内容を含むはずです。風景には、平凡な単純な真相があるにすぎぬ以上、しかし、これは当然のことなのです。このかぎりにおいて、私の説明には、「深み」も「ありがたみ」も感じられないかも知れません。

ただ、絶景の美学のせいで、また、絶景の美学に隅々まで支配された現代の風景論のせいで、本当なら誰でも、いつでも、どこでも、即座に確認することができるはずの平凡な単純な真相が覆い隠され、風景の享受によって私たち一人ひとりの生活に与えられるはずの富が奪われてきたこともまた事実です。この平凡な真相をここであえて確認することにはこの上なく大切な意義があると私はかたく信じています。

この章では、「地平」の意味について簡単に説明するところから話を始めます。風景の経験が地平というものと分かちがたく結びついているからです。

意識の内容のほとんどは「非主題的なもの」である

天気のよい夏の休日の午後、都心にある並木道に面したレストランで知り合いと昼食をとっているとします。窓際の席に坐る私の意識の中心に位置を占めるのは、テーブルを距てて私と向かい合う知人です。私の関心をもっとも強く惹きつけるのは、知人との会話の内容であり、知人の声、知人の言葉、知人の身振りです。また、料理を口に運ぶときには、テーブルの上に置かれた食器や料理も私の注意を惹くでしょう。

しかし、私に見えているのは、目の前にいる知人やテーブルの上の料理ばかりではありません。レストランを通りから距てる大きなガラス窓、ガラス窓を通して見える落葉樹の並木、並木が作る影、並木の向こうを往来する自動車、通りの反対側にある建物の入口……、このようなものもまた、私の視界に最初から入っているはずです。店の壁に懸けられた写真、近くの席に坐る客の後ろ姿なども、私には同時に見えており、私と知人のあいだに置かれたテーブルの形、色、位置なども、あらかじめわかっているに違いありません。さらに、私の耳には、店内に流れる音楽、店員の声などが届いています。嗅覚や触覚についても、事情は同じです。

もちろん、私は、このような細部に注意を向け、これを能動的に見たり聴いたりしているわけではありません。これらのものはすべて、目立たぬ契機として、漠然とした形で把握され、さしあたり意識の周縁につつましく控えています。

それでも、私がレストランの窓際の椅子に坐っているかぎり、これら周縁にあるものがつねに漠然と「何となく」見えており、聞こえていることは事実です。これらの細部が見えず、また、聞こえることもなければ、私には、自分がどこで何をしているかわからないばかりではなく、食事したり知人と会話したりすることすら不可能でしょう。

私が料理を自然な仕方で口に運ぶことができるのは、食器が置かれたテーブルの位置や形、食器とテーブルの位置関係などを、一つひとつ点検することなく、あらかじめ「何となく」把握しているからに他なりません。意識に姿を現すもののすべてについて、細部に注意を向けることなく受動的な仕方でわかっているおかげで、周囲の空間を、みずからの行動のための統一ある空間として組織することが可能となります。

私の目に映るもの、私の耳に届く音のうち、私が主題的に注意を向けられるのは、意識がその都度あらかじめ捉えているもののごくわずかな部分にすぎません。残るものはすべて、「意識から締め出されているわけではないけれども、主題的に注意が向けられているわけでもないもの」です。意識の大半は、このような「注意の非主題的な対象」と呼ぶことのできるものによって占められており、私の生存は、注意の非主題的な対象が占める広大な領域によって支えられているのです。

「非主題的なもの」の方が根源的である

私たちは誰でも、普段の生活において、計算したり、予想したり、推論したり、評価したり、悩んだり、間違えたりします。そして、これらの心の働きはすべて、意識の中心に位置を占める何ものかについての計算であり、予想であり、推論であり、評価であり、悩みであり、間違いです。

しかし、これらの心の働きは、主題的な仕方で注意が向けられるものの領域の内部において完結し、他から明瞭に区別されているわけではありません。むしろ、その輪廓は不安定であるとともに曖昧であると言うことができます。現実の生活の内部では、主題的なものは、非主題的なものから截然《せつぜん》とは区別されず、両者の境界はたえず揺れ動いているのです。

私たちの注意を積極的に惹きつけるものは、その周縁から明瞭に区別されているのではなく、むしろ、厳密に考えるなら、後者に属するもののあいだから、前者がその延長上において初めて意識に姿を現すことがわかります。

主題的なものがなくても、非主題的なものが消滅することはありません。実際、心がすべて非主題的なものによって占められる時間は、決して珍しくありません。ボンヤリとした状態でとりとめなくあれこれと眺めたり考えたりしているとき、眼の焦点が何にも合わせられていないときがこれに当たります。内斜視や外斜視の人なら、このようなときには、目が「泳いだ」状態になり、すべてのものの輪廓が二重に見えているに違いありません。

これに反し、非主題的なものがなければ、主題的なものは成立しません。それどころか、そもそも、意識が成り立つためには、非主題的なものが不可欠です。私の目に映るすべてのものが注意の主題的な対象となるなど、ありうべからざることだからです。意識の中心に主題的なものが位置を占め、周縁に非主題的なものが控えているのではなく、非主題的なものの広大な海の中の何ものかに特に注意が向けられるとき、これが、主題的なものとなって意識の前面に現れると考えるのが自然であるように思われます。

すでに一七世紀後半、ゴットフリート゠ヴィルヘルム・ライプニッツ（一六四六〜一七一六年）は、生前には公刊されることのなかった大著『人間知性新論』の序文において、この問題に言及し、次のように語ります。

……われわれの内には、意識表象も反省もされていない無数の表象が絶えずあり、それは、魂そのものの内にある、われわれが意識表象していない諸変化である。それらの印象があまりに微小でありしかも多数であるか、あるいはあまりに単調で、その結果、それぞれ別々に十分識別できないが、それでも他のものと結びついたときには印象の効果を発揮して、少なくとも集合的には錯然と感覚されるからである。（『人間知性新論』〔『ライプニッツ著作集 4 認識論「人間知性新論」──㊤』〈谷川多佳子、福島清紀、岡部英男訳、工作舎〉二一ページ〕）

右に引用した一節に従うなら、私が注意を向け、見たり聞いたりするものの他に、私の注意を惹くことのないまま見えたり聞こえたりするものがあり、このような非主題的な仕方で見えたり聞こえたりするものは、ある閾値《いきち》を超えて量的に積み重ねられるとき、あるいは、これらに注意を促すような新しいコンテクストが提示されるとき、（あとから遡って）注意の対象として意識の中心に姿を現すことになります。

また、ライプニッツは、次のような例を用いて、見えたり聞こえたりしているだけのものの積み重ねが私の注意を惹くようになるプロセスを説明します。

……密集していて区別できない微小表象（petites perceptions）をもっとよく識別するために私は、海岸で聞こえる海の轟やざわめきの例を用いることにしている。通常このざわめきを聞くには、全体のざわめきを構成している各部分、つまりひとつひとつの波のざわめきを聞いているにちがいない。これら微小なざわめきのひとつひとつは、すべてが同時に錯然と生起している集合のなかでしか知られないし、ざわめきをなしている波がたったひとつであるなら気づかれもしないであろうけれど。というのも、この波の運動によってわれわれは少しは作用を受けているはずであり、その波の音がいかに小さくとも、そのひとつひとつの表象を何か受け取っているはずであり、そうでなければ、一〇万の波の表象はもち得ないであろうから。ゼロが一〇万集まっても何ものもできないのである。微弱で錯然としたいかなる感覚ももたないほどに深く眠ることなど決してない。……初めに微小な何らかの表象がなければ、この世の最大の音といえども、われわれの眠りを醒ますことはないであろう。（前掲書、二二一〜二二二ページ）

主題的な注意の対象の有無には関係なく、無数の微小表象がたえず意識によって捉えられているとライプニッツは理解します。ライプニッツによれば、私たちの注意を惹くようなものは、微小表象の海の中から浮かび上がってくる泡のようなものと見なされねばならないことになります。

地平と地平ではないものはたえず交替する

二〇世紀の哲学者の多くは、ライプニッツが「微小表象」と名づけるものからなるこの広大な領域に重要な意義を認め、これに「地平」という術語を与えます。彼らは、注意が主題的に向けられるものを対象とする心の「高級」な働きではなく、むしろ、目や耳に漠然とした形でその都度あらかじめ届くものからなる領域——つまり地平——の方が根源的であると考えたのであり、この点において、ライプニッツと見解を共有していることになります。

地平の概念は、二〇世紀の哲学の重要な成果の一つです。地平をめぐる規定や評価は、哲学者により区々であるとしても、最近一〇〇年間の大陸系——つまりドイツ語圏とフランス語圏——

の哲学に範囲を限るなら、「地平」は、特別に重要なキーワードの一つに数えられるべきものであるに違いありません。

ところで、地平の内容は、つねに同じではなく、注意が異なる対象に向けられるたびに変化するはずです。私が知人とともにレストランで食事しているとき、店員が皿を床に落とし、大きな音が店内に響くとします。この出来事は、皿が床に衝突して割れる音、皿を落とした店員の表情などに私の注意を惹きつけます。これらの要素が注意の主題的な対象となるとともに、このときまで私の意識の中心を占めていた知人との会話は、意識の周縁へと一瞬のうちに後退します。つまり、これまで私の注意を惹きつけていたものは、明瞭な輪廓を失い、地平を構成する無数のくすんだ要素の一つとなります。同じように、レストランの外で交通事故が起こるなら、私の関心は、事故へと否応なく惹きつけられ、他のすべては、やはり、地平の暗がりへと溶け込みます。

心に何らかの動きがあるかぎり、地平と地平ではないものはたえず交替し、たがいに支え合います。地平に属する意識の領域は、意識が意識として成立し、経験一般が可能となるためになくてはならない領域です。そして、この点を特に強調した存在として、エドムント・フッサール（一八五九～一九三八年）の名を挙げることができます。現代の哲学が地平の概念に重要な意義を認めてきたのは、フッサールがこの概念に新しい役割を与えたからに他なりません。

フッサールにとって地平は経験の前提である

フッサールにとり、「地平」(Horizont)は、特別に重要なキーワードです。フッサールは、全体として初期、中期、後期の三つに大きく分かたれる思想的な発展段階のうち、中期を代表すると一般に考えられている事実上の主著『イデーン』第一巻において、地平の概念を初めて取り上げ、その後、最晩年まで、この問題に繰り返し関心を向けます。特に、後期の代表作『ヨーロッパ諸学の危機と超越論的現象学』では、地平の概念ばかりではなく、地平の総体としての「生活世界」(Lebenswelt)の概念が主題化されます。

また、地平の意味を明らかにするフッサールの長年にわたる執拗な試みは、のちの時代の哲学者たち、特にハイデガーとメルロ゠ポンティに大きな影響を与えます。

「地平」という語にフッサールが与える意味は、フッサールの思想的な立場とともに変化します。そのせいで、フッサールが用いた「地平」という語には、最終的にあまりにも多くの意味が詰め込まれることになります。フッサールが地平に重要な意義を認めていたことは誰にでもわかるとしても、地平をめぐる彼の見解の詳細に関しては明らかではない部分が少なくありません。それでも、地平に関するフッサールの理解は、枠組の点では不変であり、これを大雑把に確認することは可能です。

フッサールにとり、地平とは、さしあたり、注意が向けられぬまま何となく「見え」たり「聞こえ」たり、想定されたりしているだけのものの領域を指します。何かがボンヤリと見えたり聞こえたりしているとき、見たり聞いたりしている私は、見えたり聞こえたりする当のものからみずからを明瞭に区別せず、両者は「主客未分」の状態で溶け合っています。これが地平に関しフッサールが強調した事実の一つです。

ただ、地平の本質を主客未分に求めたのは、フッサールが最初ではなく、また、フッサールだけでもありません。たとえば、すでにウィリアム・ジェイムズ、あるいは、ジェイムズの影響を受けたベルクソンや西田幾多郎が「純粋持続」「純粋経験」などの名のもとで同じ問題を主題化しています。

むしろ、フッサールが最初に指摘し、そして、彼に続く哲学者たちがそれぞれ異なる文脈のもとで大々的に強調したのは、次のような点です。すなわち、注意の主題的な対象は、フッサールが「非顕在的」「潜在的」「可能的」などと呼ぶものの領域――つまり「地平」――が意識によってあらかじめ捉えられていることによって初めて認識可能なものとなる点です。もう少し具体的に言い換えるなら、何らかの対象に注意を向けることにより与えられる了解内容には、知覚が直接に把握することのできるものばかりではなく、これとともに、その都度あらかじめ漠然とした了解がインプリシットな形で含まれざるをえないことをフッサールは明らかにしたのです。

地平は、直接には知覚されないまま、しかし、暗黙のうちに前提とされた了解内容として姿を現す場合があります。たとえば、私の目の前の机の上に立方体の箱が置かれているとします。このとき、私がこの箱を立方体として認識することができるのは、私からは見えない裏面があることを私が知っているからです。「これは立方体である」という判断には、「私には見えないが、同じように正方形からなる裏面がある」という想定が含みとして必ず属しているのです。フッサールがさしあたり「地平」と呼ぶのは、このような暗黙のうちに想定されているものに他なりません。

すべての認識は地平を前提とする

また、地平は、ときにはゲシュタルト心理学における「図」に対する「地」、つまり、注意の主題的な対象と同時に意識に姿を現す背景のような役割を担うこともあります。たとえば、田舎町を歩いているとき、一〇〇メートル前方の雑木林の中に何か大きな人工物が見えるとします。そして、私には、これが人の住む家であることが直観的にわかります。(「直観的」とは、推論によらないことを意味します。この場合の心の働きを推論ではなく直観と見なすのは、フッサールの大きな特徴の一つです。)フッサールは、この場合の家のように注意が直接に向けられるものを「基体」と名づけます。

しかし、私のこの直観は、私が目にした人工物と周囲の空間、たとえば隣家、公道、地面、空などとの位置関係に関する了解をつねに暗黙のうちに含んでいます。もちろん、この了解もまた、地平の一種です。(正確には、「外部地平」と呼ばれます。)この場合の地平とは、ゲシュタルト心理学における「地」、つまり背景に当たり、この地=地平が、背景から区別された図形、つまり「図」に相当する基体と一体のものと見なされます。私たちにとり、基体のみを認識することはできず、基体に注意が向かうときには、地平もまた、その都度あらかじめ非主題的な仕方で意識の対象となっているのです。

さらに、この人工物を目にするときには、玄関と思われる扉、ガラス窓、切妻屋根、ベランダ、軒先に干された洗濯ものが見えるかも知れません。フッサールによれば、これらの細部もまた、「地平」と名づけられます。(「外部地平」から区別され、「内部地平」と呼ばれます。)なぜなら、目の前の人工物が倉庫や工場ではなく、人の住む家であることを直観的に把握するためには、家の細部があらかじめ「見え」ていることが必要だからです。

もちろん、私の注意が扉、ガラス窓、ベランダ、洗濯ものなどへと向けられるなら、このとき、これらの細部が基体となり、それまで基体の位置を占めていた人工物全体は、新たな地平の一部になります。

地平に属していたものへ新たな注意が向けられ、これが注意の主題的な対象、つまり基体となるたびに、この基体は、新たな地平を従えて姿を現します。形式的に考えるなら、私の注意が一つの対象のもとにとどまることがなく、したがって、地平と地平ではないものがたえず交替するかぎり、ある瞬間における地平は、これが基体となるときに地平となるはずのものと一体であると考えねばなりません。フッサールは、地平に属していたものが注意の主題的な対象となり基体となるとき、この基体が従えるはずの可能的な地平を「地平の地平」と名づけます。また、この「地平の地平」の背後にはその地平が想定され、さらに、今度は、その地平が、みずからにとって地平となりうるものを呼び出す……、何かに注意を向けることは、地平が無際限に積み重ねられていること、非主題的なものの広大な領域を前提として初めて可能となります。晩年のフッサールは、一つひとつの具体的な注意を支えるこの可能的な地平の総体のようなものを「世界」「生活世界」などと名づけます。

地平の総体としての「風土」

ところで、この書物の第一章において、私は、和辻哲郎の『風土』が現代の風景論の多くに対し歪んだ影響を与えてきたと言いました。また、この著作は、一種の環境決定論として受け止められ、和辻の影響のもとにある風景論は、風土に対する従順で受動的な適応の努力が日本的「原風景」を形作るという了解を共有していると言いました。

和辻は、風土の「存在論」と表現することのできるような現象学的な記述を著作の第一章に置き、これを著作全体の枠組として提示します。しかし、残念ながら、この第一章と第二章以降の説明のあいだには、誰にでもわかるような関連は認められません。第一章を無視しても、第二章以降を理解することは可能であり、同じように、第二章以降の内容に、第一章において表現を与えられた和辻の見解との必然的な連繫を見出すことはできません。そして、おそらくそのせいなのでしょう、『風土』という著作が読まれるときには、比較的わかりやすい第二章と第三章に光が当てられ、その内容が環境決定論として解釈されてきたように見えます。

ただ、『風土』における和辻の立場を環境決定論として受け止めることが可能となるためには、和辻における「風土」の意味を根本的に誤解することが必要となります。というのも、『風土』の第一章「風土の基礎理論」を落ち着いて読むなら、和辻が決して環境決定論を肯定してはいないことがわかるからです。

和辻の場合、風土とは、私たち一人ひとりの具体的な生存を支えるもの、しかし、「環境」として認識の対象となる以前の何ものかであり、それ自体としては注意の主題的な対象とはなりえぬものです。風土は、客観的、科学的な認識作用からつねに逃れ去って行くものでありながら、それにもかかわらず、人間の存在と分かちがたく結びついたもの、いわば「地平」の総体であり、フッサールの「生活世界」と同じものなのです。

『風土』第一章には、次のように記されています。

> 我々がある朝「爽やかな気分」において己れを見いだす。……そこにあるのは心的状態ではなくして空気の爽やかさである。が、空気の温度や湿度として認識せられている対象は、この爽やかさそのものと何の似寄りも持たない。爽やかさは、「あり方」であって「もの」でもなければ「ものの性質」でもない。それは空気というものに属してはいるが、空気自身でもなく空気の性質でもない。だから我々は空気というものによって一定のあり方を背負わされるのではない。空気が「爽やかさ」の有り方を持つことは取りも直さず我々自身が爽

やかであることなのである。すなわち我々が空気において我々自身を見いだしているのである。しかしまた空気の爽やかさは心的状態の爽やかさではない。……我々は空気の爽やかさにおいて我々自身を了解している。爽やかなのは己れの心的状態ではなくして空気なのである。……（『風土　人間学的考察』〔岩波文庫〕二九ページ以下）

認識する私の存在が他のすべてから区別された形で最初に想定され、次に、この主観がみずからのあり方を周囲に投影する……、このような手続によって風土が形作られるのではありません。同じように、風土から影響を受け、認識する私が形作られるわけでもありません。風土と私のあいだには区別がなく、両者は、主客未分の状態、けじめのない状態で一つに溶け合っています。私が感じる「爽やかさ」は、空気の物理的な性質に対する評価ではなく、空気のあり方であり、（空気との区別が意識に上る以前の）私のあり方なのです。風土とは、私と環境が反省によって截然と区別される以前の私のあり方の総体であることになります。（和辻の風土概念については、もう一度あとでお話しします。）

世界が一つの全体として捉えられるのも地平のおかげである

ところで、「今、ここ」（hic et nunc）における直接の知覚は、それ自体としては、時間的、空間的には点のように狭い範囲の刹那的な体験です。体験の一つひとつには、広がりも他との連関も認められません。それでも、フッサールに従うかぎり、人間がこの単なる体験を超え出て普遍的なものに与ることができるのは、つまり、経験一般が可能となるのは、前に述べた地平の無際限の積み重ねがつねにあらかじめ与えられているからに他なりません。何かが私の注意を惹くたびに、地平がその都度心の働きを支え、また、地平が一つに溶け合っているからこそ、私には、みずからが身を置く空間が統一のある全体であることがわかるのです。

必要に迫られ、よく知らない街を初めて訪れるとき、街並み、地形、代表的な建物や有名な施設の場所、街と周囲の地域との関係などがわからないのが普通です。もちろん、街を一つのまとまりとして捉えることもできません。ある街に身を置き、何かを見たり聞いたりするたびに、地平が不知不識に形作られ、やがて、このような地平が一つの全体として受け止められるようになるからです。しかし、初めて訪れた街では、地平の一つひとつのあいだにまだ連続がありません。このような状況は、「土地勘がない」と表現することができます。

たとえば、私は、大阪についてほぼ何も知りません。新幹線で通過したり電車を乗り換えたりしたときの記憶がわずかにあるばかりで、街を歩いたことがないからです。当然、大阪を統一ある全体として心に描くなど、私には不可能です。たしかに、「大阪」の二文字を目にすると、私は、自分の知る若干の地名を無秩序に連想します。しかし、「梅田」「北浜」「釜ヶ崎」「鶴橋」「通天閣」「道頓堀」……、これらは、私にとっては、さしあたり抽象的な地名以上の何ものでもありません。

新しい土地となじみになり、個人的な記憶を積み重ね、土地勘を手に入れるとは、この土地を、単なる地点の寄せ集めと見なすのではなく、むしろ、これを一つの全体として把握することを意味します。大阪について土地勘を望むなら、ときにはひとりで、ときには誰かと一緒に、季節を変え、気候を変え、時刻を変え、状況を変えて何度も現地、つまり大阪に通い、大阪を探検することが必要となるでしょう。「現地」とは、個別に形作られた地平が溶け合って一つの全体を形作るはずの場として定義されるべきものであるに違いありません。知り合いから教えてもらう情報、あるいは、旅行案内書やウェブサイトなどを媒介に未知の他人から与えられる情報は、どれほど多量であり具体的であるとしても、土地勘の形成には十分ではないことになります。

反対に、このような間接的な情報の収集のみで土地勘が得られるなら、現地なるものの持つ特権的な性格は失われ、現地の観念も空虚なものとなります。少なくとも形式的には、大阪に足を運ぶ経験は、東京に身を置いたまま大阪について調べたり写真を眺めたりする作業によって置き換え可能となってしまいます。

写真でしか見たことのなかった場所、あるいは、言葉による説明でしか知らなかった場所を実際に訪れるときに、その場所について、予想していたのとは違うという印象を持った経験は誰にでもあるはずです。写真には映らぬ縁の外側や空隙を想像で補うことにより、統一ある空間を心に描くことを誰もが不知不識に試みているからであり、しかし、空間を想像のみによって完全な形で心に描くことは、やはり不可能だからです。

わが国には、「日本三大がっかり名所」などと一般に呼ばれている場所があります。札幌市の「旧札幌農学校演武場（＝時計台）」、高知市の「はりまや橋」、長崎市の「オランダ坂」がこれに当たると普通には考えられています。これらの場所が訪れる者を「がっかり」させるのは、写真や言葉が予想させる空間と現地のあいだの違いの大きいことを特に強く実感させるからであるに違いありません。（ただ、「がっかり名所」の一つであるという理由で「はりまや橋」を訪れる人は、期待どおりのものを現地で目にすることになりますから、「がっかり」はしないでしょう。）

あるいは、砂漠に佇むスフィンクスと駱駝《らくだ》が印刷された絵葉書のみを手がかりにエジプトのギザの遺跡群の姿を心に描き、エジプトに対する憧れを抱いて現地に足を運ぶ人がいるとします。しかし、このような人は、現地を訪れ、大いに驚くとともに、深く落胆することを避けられないに違いありません。遺跡のすぐ近くまで市街地が迫り、スフィンクスの前方およそ三〇〇メートル、スフィンクスのまなざしの先にアメリカ資本のファストフード店がある光景を否応なく確認することになるからです。

予想と現実のあいだに距《へだた》りが生れることが避けうれないのは、写真や地図や言葉だけでは、見る者に統一ある空間を与え、地平の地平が形作られるのに手がかりとして不十分だからです。地平の不在を想像によって無理に補うとき、想像された地平は、現実の空間から乖離することを免れられません。そして、この事実は、現地の持つ特権的な性格により、風景が風景の映像から区別されることを私たちに教えます。風景写真は、どれほどリアルであるとしても、また、サイズの点において実物と同じであるとしても、風景とは見なされません。風景写真を眺めることは、風景を眺めることとは決定的に異なるのです。

バーチャル・リアリティの技術がどれほど高度に進歩しても、この点に関し事情が変わることはありません。なぜなら、バーチャル・リアリティは、遠く離れた現地を目の前に引き寄せる仕組ではなく、本質的には、新たな現地を目の前に作り出す仕組だからです。ゴーグルを装着して「大阪」の街をバーチャル・リアリティ上で体験することが可能であるとしても、また、その「大阪」がリアリティを具えているとしても、ここで体験される「大阪」は、あくまでもバーチャル・リアリティの内部における新たな現地であり、これを現実の大阪の街と置き換えることはできないのです。

風景の成立には地平が必要だが、地平は風景ではない（風景の意味に関する誤解〈その二〉）

風景と風景の映像の差異について、説明を補足します。

これまでお話ししてきたように、地平とは、特に注意を惹くわけではないけれども、その都度あらかじめ何となく見えたり聞こえたりしているものの広大な領域です。何かに対し主題的に注意を向け、計算したり評価したり推理したりする場合とは異なり、地平のもとでは、認識する私と認識される対象はたがいに溶け合い、世界は主客未分の状態にあります。和辻が用いた例で言い換えるなら、空気が爽やかであることは、私が爽やかであることなのです。

また、風景との関係に話を限るなら、地平は、ある場所にみずから身を置かなければ形作られない点にその本質を求めることが可能です。すぐ前に述べたように、地平こそ、一つの場所を他の場所から区別する標識——あえて抽象的に表現するなら、すべての現地に具わる「現地性」のようなもののよりどころ——だからです。ノルウェーの建築家ノルベルグ＝シュルツは、「ゲニウス・ロキ」（四五ページを参照のこと）の語をこの意味で用いています（ノルベルグ＝シュルツ『ゲニウス・ロキ 建築の現象学をめざして』〔加藤邦男・田崎祐生訳、住まいの図書館出版局〕）。風景の経験には地平がどうしても必要となるのです。

風景が風景として私の意識に現れるときに地平が担う役割は、次のような例によって否定的な仕方で確認することができます。テレビの旅行番組を見ているとき、ナイアガラの滝の映像が受像機の画面に現れるとします。また、これと同時に、ナイアガラの滝について「素晴らしい風景である」という意味のアナウンサーの声が聞こえるとします。しかし、ナイアガラの滝を訪れたことがない私にとっては、画面の大きさには関係なく、受像機の画面に映し出されたナイアガラの滝は、風景ではなく、（現地に身を置くときに）風景の（経験を可能にするはずの物理的構成要素の）映像にすぎません。それは、自宅の窓から見える風景とは性格を根本的に異にするものだからです。

受像機の画面に映るナイアガラの滝は、それ自体としては、「私が現地に足を運ぶときに風景として出会われるはずのものの一つ」であるにすぎません。私がいる場所とナイアガラの滝のあいだには空間の連続が欠けているのです。滝の発する轟音が直に私の耳に届くわけではなく、水しぶきが降りかかるわけでもないでしょう。「日本三大がっかり名所」、あるいは、絵葉書に印刷されたスフィンクスと駱駝と砂漠が単なる映像にすぎないのと同じように、テレビの受像機の画面に映るナイアガラの滝には、「風景」と呼ばれるための資格がありません。東京の自宅の仕事部屋の窓を通して出会われる風景とは、庭の芝生、楓、梅、あるいは道路標識や電柱や隣家の屋根のアンテナなどからなるものです。私の風景に属しているのは、ナイアガラの滝の映像を映し出す受像機であり、現実のナイアガラの滝がここに入り込む余地はないのです。

なお、一般に「神域」「聖域」「聖地」などと呼ばれているのは、現地に具わるこの「現地性」のみにもとづいて周囲から区別される空間であり、現地であることの他に何の性格も具えていない空間、つまり「単なる現地」であることを本質とするうつろな空間であると言うことができます。私たち一人ひとりが赴くことにより、聖域は、初めて聖域となります。巡礼が聖地を作り出すのです。したがって、たとえば沖縄県の各地にある「御嶽《うたき》」――うつろな聖域の典型です――に足を運ぶ行為をグーグルが提供する「ストリートビュー」でパノラマ写真を眺める作業に置き換えることは、情報技術の進歩には関係なく、本質的に不可能なのです。

とはいえ、地平がなければ風景が姿を現すことはなく、風景の経験には、現地に身を置くことが必須であるとしても、地平と風景は同じものではありません。というのも、地平が地平であるかぎり、それは、注意の非主題的な対象にとどまるからです。換言すれば、地平は、それ自体としては眺めることができないものであり、眺めることが可能となるためには、どうしても、主題的な注意の対象とならざるをえないことになります。

風景は「地平と地平ではないもの」ではない（風景の意味に関する誤解〈その二〉）

風景の享受には、自宅であれ、職場であれ、旅先であれ、現地に身を置くことが絶対に必要となります。なぜなら、風景が風景として出会われるためには、地平の積み重ねが不可欠だからであり、現地に身を置かないかぎり、地平が積み重ねられることはないからです。言い換えるなら、「現地」とは、地平の積み重ねに与ることができる場所に他ならないのです。これは、すでに説明したとおりです。

しかしながら、これもすでにお話ししたように、地平の積み重ねは、それ自体としては風景ではありません。地平は、地平であるかぎりにおいて、注意の主題的な対象となることはなく、地平をそれ自体として認識したり経験したりすることは不可能だからです。

それでは、風景とは何であるのか。この問いに対する私の答えをお話しする前に、これとは異なる答えを一つ紹介します。それは、「風景とは地平と地平ではないものである」という答えです。この答えに同意する人は少なくないかも知れませんが、やはり、厳密に考えるなら、これは誤りと見なされねばならないように思われます。

風景が「地平」と「地平ではないもの」の複合物として受け止められるべきであるという主張

の根拠は、私たちの目に映るものが「地平」と「地平ではないもの」からなるという事実に求めることができます。私が本を読んでいるとき、私の視野の中心にあり、私の注意の主題的な対象となるのは、ページの上に印刷されている文字のいくつかです。

しかし、これまで説明してきたことからわかるように、私の注意は、同時にページに印刷されている前後の文字を捉えるばかりではなく、ページの余白、本が置かれた机、机の上のノート、万年筆、パソコン、さらに、私が本を読んでいる部屋の家具、床、天井、照明などもまた、注意の非主題的な対象として、つまり地平として、視界の周縁に位置を占めています。地平がなければ、どの瞬間においても、私に見えるのは、白い紙に印刷された何の意味もない黒い模様だけになってしまうでしょう。地平は、読書というふるまいを遂行するのに必須の契機なのです。

地平と地平ではないものに風景の本質を求める可能性もまた、この事実に根拠があります。実際、たとえば日光の華厳の滝を遠望する場所に身を置くとき、私の視界は、地平と地平ではないものの組み合わせとして説明することができます。

ただ、「地平と地平ではないもの」という規定は、風景にのみ適用可能なものではありません。風景を含む「見えるもの一般」はすべて、「地平」と「地平ではないもの」の複合物として意識に姿を現します。本を読んでいるとき、テレビを観ているとき、食事しているとき、百貨店の店頭で知り合いの誕生日のプレゼントを真剣に選んでいるとき……、私の目に映るものは、つねに地平と地平ではないものの複合物以外の何ものでもありません。

さらに、(ここが肝心なのですが、)「地平と地平ではないもの」にまなざしを向けることはできません。私がまなざしを向けるのは、つねに「地平ではないもの」だけです。なぜなら、何かが注意の主題的な対象であり、同時に地平でもあることは、「地平」の定義により不可能だからです。私が何かに対し新たに注意を向けるとき、注意が向けられたものは、注意が向けられることにより「地平ではないもの」になるのです。

風景が地平と地平ではないものの複合物であるという主張は、見方によっては決定的な誤りというわけではないかも知れません。しかし、風景は、「地平と地平ではないもの」にとどまるものではありません。風景を風景ではないものから区別する標識を風景のこの側面に求めることは困難であり、したがって、「風景とは何か」という問いに対する答えとしては適切ではないと私は考えます。

風景とは「地平だったもの」である〈その一〉

この書物の冒頭で述べたように、風景は、私が周囲に対してとる特別な態度に呼応する形で姿を現します。風景の経験は、他のすべてとともに生活を構成する必須の契機であるばかりではなく、風景は、他から明瞭に区別された固有の意味を具えていると考えることができます。言い換えるなら、風景の経験に与ることには、他のふるまいには還元されえぬ固有の性格があり、これが風景の経験の本質をなしているのです。そして、風景の経験のこの本質的な部分が「風景とは何か」という問いへの答えに他なりません。

このような観点から風景の意味を問うときには、風景が風景として私に与えられる場面を心に描くことが必要となります。どのような空間に身を置き、どのような状況のもとで目にするものが風景であるのか、具体的に思い出すことにより、風景の経験が日常生活において担う役割もまた、おのずから明らかになるに違いありません。

まず、私自身の経験をお話しします。

今から三〇年近く前の夏の終り、所用で初めて京都を訪れたときのことです。午後三時ごろ、用事を済ませ、中心部から少し離れたホテルに荷物を置いた私は、夏の暑さの中、そのままひとりで街に出ました。当時は、バブル景気が始まったばかりでした。騒然とした空気に包まれた東京に住む私から見ると、京都にはさびれた地方都市の趣があり、これが物珍しく感じられたのを覚えています。

その日、大汗をかきながら遂行された私の徘徊——あえて格好よく表現すれば「フラヌリー」——には目的地がありました。それは、四条河原町です。京都については不案内な私も、この交差点を中心に繁華街が広がっていることは耳にしていたからです。今ではもう、どこをどのように歩いたのかよく覚えていませんが、東京では経験したことのない不思議な暑さに圧《お》しつぶされ、よく晴れた夏の日の午後、古本屋の店先でときどき立ち止まりながら、人気がなく日蔭もない狭い路地を一時間近くさまよい、最終的に河原町通りに出て、四条河原町交差点に辿りついたことは記憶に遺っています。（また、羝徊の途中、出町柳にある臨川書店の前を通りかかり、店に入って古書目録を自宅に送ってもらうよう依頼したことだけは今も鮮明に記憶しています。外の暑さとは対照的に、店内がとても涼しかったからです。）

しかし、羝徊がここで終わったなら、これは、私に疲労以外の何の痕跡もとどめることがなかったに違いありません。三〇年近く前、平成の最初の夏の終りに大学三年生の私が少し歩いただけの京都を多少なりとも覚えているのは、ある風景がこの直後に私の前に姿を現したからです。

よく知られているように、四条河原町交差点の周囲には、大きな繁華街が形作られています。ただ、この繁華街は、独特の「京都らしさ」に支配されているとはいえ、面積や商業施設の集積の点では、東京から来た人間の注意を特に惹くほどのものではありません。四条河原町の交差点で信号待ちをしていたとき、無数の歩行者、たくさんの商店の看板や入口のディスプレーが私の目に映っていたに違いありませんが、それらはいずれも、私にとっては、注意の非主題的な対象、地平として意識の周縁にとどまるものでした。

しかし、交差点の信号が青に変わり、四条通りを北から南に渡るため、建物の作る日影から出て歩道を横切り、灼熱の車道に足を踏み出したとき、それまで前方をボンヤリと眺めていた私は、視界の左側はるか遠方にただならぬものを感じました。そこにあってはならない何か巨大なものがうずくまっているような気がしました。そこで、私は、慌てて左を振り向きました。いや、そのときの私の動作には、「視線が否応なく左に吸い寄せられた」という表現がふさわしいかも知れません。実際、私は、交差点の中央で首を左に向け、注意を急に強く惹きつけたものを見つめました。そして、私のまなざしは、「山」を遠くに捉えました。

四条通りを東に向かって進むと、突き当りに八坂神社があり、八坂神社の背後には、京都盆地の東の縁に当たる小高い山々が壁のように連なっているのが見えます。いわゆる「東山」に属する山々です。

この眺めは、京都に住む人にとり、また、京都を繰り返し訪れる旅行者にとり、あるいは特に珍しいものではないかも知れません。しかし、四条通りのように交通量の多い幹線道路の突き当りに小さな山が見えるなど、東京二三区内では考えられない場面であり、東京で生れ東京で育った私にとっては、この眺めは、一種の不意打でした。左側にある「何ものか」に向かって私の注意が強く惹きつけられた直接の理由です。

四条通り、八坂神社、東山……、これらの位置関係がわかるとともに、八坂神社の背後に横たわる壁のような山に注意の焦点が定められ、これを中心として視界が一瞬にして組み換えられました。(なお、八坂神社は、それ自体としては、交差点からはほとんど見えませんし、当時の私は、四条通りの突き当りに八坂神社があることを知りませんでした。)四条通りの両側に並ぶ商店、歩行者や自動車、私から見てもっとも手前にある阪急百貨店(現在の京都マルイ)などはすべて、地平として意識の周縁に位置を与えられ、全体として一つの「風景」が姿を現しました。

風景とは「地平だったもの」である〈その二〉 振り向く動作と「ぬっ」と現われるもの

この書物の冒頭で、私は、小学校の校舎の屋上での経験を取り上げました。また、遠くに白いものが見えたとき、この白いものが富士山として捉えられると同時に、私の視界全体が富士山を中心に編成され、風景が姿を現したことを説明しました。京都市の四条河原町交差点での経験と同じように、あのときにもまた、何ものかが強い力で注意を惹きつけ、注意の対象となったものを中心とする風景が姿を現したのです。

さらに、このときの視界の組み換えは、一回かぎりのもの、もはやもとに戻すことのできないもの、「なかったことにする」のが不可能なものです。これもまた、風景の経験の重要な特徴です。

風景の経験は、注意を惹きつける何かが地平から姿を現すことによって惹き起こされる視界の不可逆的な組み換えです。そして、風景は、何かの方を「振り向く」動作を私に要求します。視界の片隅に姿を現したものに対し、私の注意が何らかの理由によって力強く惹きつけられ、これが注意の主題的な対象となり、周囲の見え方が一変する……、このプロセスこそ風景の現象の実質なのです。また、意識のこのような運動が生れないかぎり、風景は成り立たず、ただ注意の非主題的な対象の静かな海がどこまでも、いつまでも続くでしょう。

風景の経験は、「振り向く」ことを必須の契機とします。振り向くことにより、これまで輪郭を失って地平へと溶け込んでいた何ものかが地平から引きずり出されるのです。風景の経験は、地平からの不意打に対する反応として理解することが可能であり、このかぎりにおいて、風景の経験には何らかの発見が含まれ、何らかの「驚き」が認められます。(「驚き」の哲学的な規定については、清水真木『感情とは何か　プラトンからアーレントまで』(ちくま新書)第一章を参照のこと。)

風景が成立するような状況を心に描くことは、無際限に可能です。なぜなら、地平の「一様性」を破る何かが不自然な形で私の注意を惹き、私が振り向くとき、そこには風景が生れるからです。視界にあるものがすべて注意の非主題的な対象にとどまり、特に何にも注意を向けることなくボンヤリと周囲を眺めやっているとき、私を振り向かせるようなものが急に視界に姿を現すたびに、私は風景を経験する機会を与えられることになります。

極端な例をいくつか挙げます。神奈川県鎌倉市の「大船観音像」、茨城県牛久市のいわゆる「牛久大仏」、さらに、「加賀観音像」(石川県加賀市)「大平和祈念塔」(大阪府富田林市)などはいずれも、何の特色もない田園の木陰から、あるいは、片田舎に広がる平凡な住宅地や温泉街の彼方から予告なしに姿を現し、私の注意を否応なく惹きつけるとともに、周囲の眺めを、もはやあと戻りのできぬ仕方で決定的に変化させる構造物です。

ある書物は、このような構造物を「ぬっとあったもの」あるいは「ぬっとあるもの」と名づけます。(『is 別冊　ぬっとあったものと、ぬっとあるもの　近代ニッポンの遺跡』(ポーラ文化研究所))たしかに、予想することのできない仕方で地平の暗がりから「ぬっ」と姿を現し、私の注意を惹きつけ、驚きを与えるものは、風景の経験のもっとも目立つトリガーであるに違いありません。もちろん、見方によっては悪趣味な何らかの構造物が視界に「ぬっ」と姿を現さないかぎり、風景の経験に与ることができないわけではなく、また、文字通り「振り向く」こと、つまり首を上下左右に動かすことも、風景の経験にとり必須ではありません。
川端康成の代表作の一つ『雪国』は、次の有名な一節から始まります。

> 国境の長いトンネルを抜けると雪国であつた。夜の底が白くなつた。信号所に汽車が止まつた。
> 向側の座席から娘が立つて来て、島村の前のガラス窓を落した。雪の冷気が流れこんだ。娘は窓いつぱいに乗り出して、遠くへ叫ぶやうに、
> 「駅長さあん、駅長さあん。」……

右に引用した一節が描写するのは、群馬県の水上町と新潟県の湯沢町を結ぶ上越線の清水トンネルを通り、汽車が群馬県側から新潟県側に出るときの外の様子であり、汽車の客の一人であり作品の主人公でもある「島村」の視点から事実が語られています。

島村が新潟県内での積雪について何らかの情報をあらかじめ持っていたのかどうか、これは、ここでは知ることができません。それでも、この一節は、「トンネルを抜け」たところから「雪

国」が始まるのを島村が予想していなかったこと、正確に言うなら、島村がトンネルの出口付近の状況について何も予想していなかったことを教えます。

島村にとり、見渡すかぎり一面が白い雪で覆われた夕闇が迫る山間の姿は、一種の不意打であり、「雪国」の出現により、島村は、軽い驚きとともに風景の経験に与ることになったと考えるのが自然です。また、それゆえにこそ、「雪国」との出会いに続く事態に対し「夜の底が白く」「なった」という独特の表現が与えられているのです。

この場合、「雪国」は、「ぬっ」と姿を現したものではなく、島村が首を実際に（おそらく左に）動かし窓の外に広がるはずの「雪国」を見つめたわけでもありません。それでも、彼の視界が「雪国の風景」へと組み換えられたことは間違いないように思われます。

風景とは「地平だったもの」である〈その三〉　風景は完了形で語られる

地平から何かが姿を現し、それが私の注意を否応なく惹きつけるとき、風景が姿を現し、風景の経験が成立します。それでは、このような意味における風景とは何であり、風景を眺めるとは何を眺めることであるのか、この点について説明します。とはいえ、すでにこの書物の冒頭において、「風景とは何か」という問いに対する答えは提示されています。すなわち、風景とは「地平だったもの」である、これが、この問いに対する私の答えです。

「風景とは何か」という問いに対し「地平」と答えることが不可能であることは前に述べました。

また、これも前に説明したように、「地平と地平ではないもの」を風景の真相の表現と見なすことはできません。これからお話しするように、風景は、あくまでも「地平だったもの」として理解されねばならないものであると私は考えます。

たしかに、「地平だったもの」というのは、いくらか不自然な印象を与える表現です。しかし、風景に出会うとき、私が何をしているのかを確認するなら、この表現の意味はおのずから明らかになります。

何かに注意が惹きつけられ、その何かに向かって「振り向く」とき、そして、視界が組み換えられるとき、私は、その瞬間に私の目に映るものをただ追っているのではありません。私は、組み換えられつつあるみずからの視界全体を何かとして把握しているのです。つまり、これに意味を与えているのです。形式的に表現するなら、風景を眺めるとは、地平と地平ではないものを含む全体に意味を与えることであり、実質的には、この全体について語ることに他なりません。「ああ、あそこに富士山が見える」「おっ、あれは東山じゃないか」「あの俗悪な高層ビルは何なんだよ」「国境の長いトンネルを抜けると雪国であった」「松島や、ああ松島や、松島や」……、実際に声に出すかどうかはともかく、目に映るもの全体をこのように語ることにおいて風景の経験は完結します。

ただ、風景の経験が意味を与えるのは、今の私の目に映るものではなく、私の目に映っていたものです。なぜなら、何ものかが地平から浮かび上がり、私の注意を惹くとき、私は、この何ものかが地平と一体であり、すぐ前の瞬間までは地平に属していたことを知っているからです。もちろん、これを知っているのは、私が「現地」に身を置いているからに他なりません。

風景を眺めるとは、地平だったものが地平ではなくなるとき、この地平ではなくなったものを地平だったものとしてあとから把握し直す作業です。この意味において、地平は、想起されることと、思い出されることによってのみ把握されるものであり、風景の経験の本質は、地平の想起に求められます。換言すれば、地平への注意は、「ぬっ」と現れるものの方を「振り向く」動作をトリガーとして、そのときに目に映ったものをあとから振り返ること、「そうか、あれがあそこにあったんだ」「そうか、ここはこういう場所だったんだ」などのように、いわば「完了形」で地平を語ることによってのみ可能となるものなのです。

風景の経験の本質は、地平を想起し製作することにあります。したがって、地平の想起というのは、地平の再現を意味しません。一方において、これまで地平に与えられてきた規定に従うかぎり、地平は、注意の非主題的な対象であり、地平の再現など不可能であることは明らかです。また、他方において、一般に何かを想起するとき、私は、過去をそのまま心の中で再現しているわけではありません。たとえば――アーネスト・ヘミングウェイの『移動祝祭日』の記述に倣い――若いころパリで食べた生牡蠣の味を想起するとします。ただ、当然のことながら、生牡蠣を食べた体験を思い出しても、生牡蠣の味が口腔内にそのまま甦ることはありません。この事実は、想起が再現ではないことを明瞭に示します。

想起が過去の再現であるなら、安心して食事などできないはずです。なぜなら、食事中に生牡蠣のことをウッカリ思い出そうものなら、口腔内に生牡蠣の味が甦ってきてしまうからです。そのときに食べていたのがイチゴであるなら、イチゴの味と牡蠣の味が口腔内に共存することになってしまうでしょう。

「想起」の名のもとで実際に遂行されるのは、脳のどこかにあらかじめ格納されていた視覚的な記憶をそのまま再現することではありません。また、風景を享受するとは、目の前に広がる眺めを視覚像として脳へと一旦格納したのち、これに表現を与えることでもありません。想起される過去は、あらかじめどこかにあったものではなく、何かが「完了形」で語られることにおいて──つまり、現在との連続において──その都度「製作」されるものなのであり、完了形による語りを遂行することにより風景が形作られて行くと考えねばなりません。この意味において、過去などどこにもない、あるのは現在だけであると言うことができます。

ライプニッツは、一七五ページに引用した『人間知性新論』の一節の直前で、次のように語っています。

……あらゆる注意力は、いくらかの記憶を必要とし、われわれ自身の現前する諸表象のいくつかについて注意するようにと、いわば警告されないと、それらの表象を反省なしに、気づくことさえなく看過してしまうのである。けれども誰かが直ちにその表象について告げ知らせ、たとえば今聞いたばかりの音に注意を向けさせるならば、われわれはそれを思い起こし、まもなくそれについてある感覚をもっていたことに気づく。このようにそれらは、われわれがすぐには意識することのない表象であり、意識表象はこの場合、どんなに小さな間であろうと少しの間をおいた後に知らされて生じるのである。（ライプニッツ、前掲書、二一〜二二ページ）

右に引用した一節に従うなら、何かに対し注意を主題的な仕方で向けるとは、言葉の本来の意味における想起に他なりません。しかも、想起の本来の対象は、気づかれていなかったものであることになります。想起とは、気づかれていなかったものの想起であり、気づかれなかった過去を現在において製作することです。

風景の経験とは、地平を想起することであり、これは、地平だったものの製作を意味します。地平から「ぬっ」と姿を現し私の注意を惹きつけるとき、これをトリガーとして地平だったものを想起すること、つまり製作すること、新たに注意の主題的な対象となったものを含む地平の総体——フッサールの言葉を借りるなら「生活世界」——を想起し製作し語ることです。そして、地平の想起＝製作とは、私の生存の意味を作り上げる努力に他ならないのです。

風景は、私が望むときではなく、風景が望むときに姿を現す

この書物の冒頭において、私は、風景を「地平だったもの」と定義しました。また、この章では、これまで、「地平だったもの」の意味を説明してきました。風景を経験することの実質は、現地に身を置き、地平だったものを想起し製作することに他なりません。

それでは、地平を想起し製作するとは何をすることであるのか。これから、この点を説明します。

あらかじめ言っておくなら、地平の製作とは、地平の創作ではなく、地平の組み立てでもありません。そもそも、地平は、三次元空間を占有する物体ではなく、したがって、地平には、部品も素材もありません。地平というのは、創作したり組み立てたりするものではないのです。

絶景の美学に従うなら、風景とは、三次元空間に再現された実物大の風景画でした。風景の経験の端緒に位置を占めるのは、「何を眺めるべきか」という問いに答える作業であり、絶景の美学がこの問いに与えたのが「ピクチャレスクなもの」という答えです。

私の視界を占領する眺めがピクチャレスクなものであるとき、私は風景を眺めていると絶景の美学は理解します。反対に、視線がピクチャレスクなものを何も捉えないとき、私の目の前に風景はなく、私は、「無風景」と呼ぶのがふさわしい状態に身を置くことになります。風景論の過激派たちが、ただピクチャレスクな風景を眺めるために、遠く離れた地域への旅をあえて試みな

ければならなかったという事実は、風景の経験にとり、眺めるべきものを定め、その前に身を置くことが何よりも重要であったことを物語ります。

これに対し、これまで述べてきたように、本当の意味における風景の経験は、一種の不意打として私のもとを訪れます。私は、いつ、どこで、何をしているときにも、可能的には風景に浸され、風景にまとわりつかれています。風景が「地平だったもの」であるなら、当然、地平とは、可能的な風景、つまり、風景として意識に現れるかも知れないものだからです。

けれども、風景が現実に私の意識に現れるのは、そして、私が風景を眺めるのは、私が風景を眺めたいと思うときではありません。風景は、私が望むときではなく、むしろ、風景の方が望むときに不意打として到来し、私に何らかの驚きを与えるものであると言うことができます。小学校の屋上に上がり、周囲を何気なく見渡したとき、京都の四条河原町で交差点を渡ろうとしていたとき、あるいは、自宅の仕事場から窓の外をボンヤリと眺めているとき……、私は、風景の経験に、何の予告もなく、そして否応なく与ります。このかぎりにおいて、風景の経験とは、風景に「襲われる」経験なのです。

主客未分にふたたび与ること、あるいは、根源に還帰すること

地平というものは、それ自体としては、注意の非主題的な対象であり、客観的に認識することのできないものです。しかし、それとともに、地平は、私の生存に不可欠のものでもあります。

私の意識は、非主題的な対象によってつねに満たされ、地平がその都度あらかじめ私を浸しています。自分が何をしているのか、自分がどこにいるのかがわかるのは、また、自分の過去、現在、未来、上下、前後、左右を反省や推論によることなく「何となく」結びつけることが可能となり、そのおかげで、自然な形でふるまうことができるのも、地平（＝可能的な風景）によって意識が満たされているおかげです。これは、以前にお話ししたとおりです。

地平が生存の不可欠の前提であるなら、風景の経験、つまり地平だったものの想起とは、地平としての役割を担っていたものを、文字どおり「地平だったもの」として想起すること、これに意味を与えること――何かとして把握すること――に他なりません。そして、地平というものが生存の不可欠の前提として私の存在をその都度あらかじめ支えるものであるかぎり、風景へのまなざしは、本質的に、（歴史と自然を含む）私の存在の根源へと向けられたまなざしと見なされねばならないでしょう。

私は、私が私であり、他の何者でもないことを知っています。同じように、私の周囲にあるものが私自身ではないことにもまた、疑う余地がありません。目の前のテーブルの上に置かれた私のマグカップが――私が所有するものであるとしても――私の身体の一部ではないことは明らかです。

けれども、普段の生活において、私の周囲にある他人やモノは、私の客観的な認識の対象とはなりません。私は、身の回りにあるモノを使い、身近な他人とコミュニケーションを成り立たせてはいます。しかし、私がこれらにいちいち注意を向けることはありません。身の回りの他人やモノに対し主題的な注意が向けられ、他人やモノが客観的な認識の対象となるのは、これらとのあいだの交渉に何らかの不都合があるときだけです。言い換えるなら、自宅にあるテレビが故障したり、冷蔵庫にある牛乳が消費期限を過ぎていたり、約束の時間に知り合いが待ち合わせ場所に現れなかったりするとき、私は、不都合を感じるとともに、不都合の原因を取り除くことを目標として、これに注意を向けることになるのです。

和辻の指摘を俟つまでもなく、私は――和辻の立場に忠実な表現を用いるなら、私たちは――大抵の場合、前反省的な仕方で「風土」に溶け込み、これと一体になっています。これは、人間の日常的なあり方であり、当然、このような状況のもとでは、みずからの存在を他から鋭く区別し、自他のあいだに明瞭な境界線を引くとともに、自分のあり方に注意を向ける可能性はありません。すべては混然一体となり、主客未分の状態にあると言うことができます。

ところで、何ものかが「ぬっ」と現れ、これに私のまなざしが惹きつけられることをきっかけとして、私の視界は、不可逆的な仕方で再編成され、風景が成立します。このとき、私は、地平を想起し、製作します。これまで述べてきたとおり、これが風景が「地平だったもの」であることの意味です。

「ぬっ」と現れるものが私の注意を惹きつけ、風景が目の前に出現するとき、私は、二つの相反するプロセスに一度に身を委ねることになります。すなわち、一方において、私は、素朴な主客未分の状態から引きずり出されます。何かなじみのないものが視界に闖入《ちんにゅう》してくるからです。しかしながら、他方において、このなじみのないものを含め、目に映るもの全体へとまなざしを向けることにより、私は、新たな主客未分へとふたたび参入します。換言すれば、一度は解消された主客未分を新しい形で取り戻す機会が与えられるのです。

根源への純粋なまなざし

たしかに、「ぬっ」と現れたものに注意を向け、そして、これを客観的に認識することができないわけではありません。実際、見慣れぬものへとまなざしが向けられたのち、これがどのくらいの大きさであるのか計算してみたり、何の役に立つものであるのか想像してみたりすることは、決して不可能ではなく、不自然でもありません。また、ウィリアム・ギルピンが試みたように、目の前の絶景を風景画として鑑賞することもできます。

ただ、風景が風景として享受されるのは、絶景の美学が主張するように、視界に現れるものを単なる情感的な対象として享受するときではなく、沉《ま》して、これが科学的に分析されるときでもありません。目の前にあるものを何らかの素材、道具、手段と見なすかぎり、風景が私のまなざしによって捉えられることはなく、反対に、風景が姿を現すなら、それは、私が純粋に非反省的に——禅宗に由来する言葉を借りるなら、無心に——ただ眺めるときであり、風景は、（このまなざしによって出会われるのではなく、）まさに、このまなざしにおいて出会われるものなのです。

風景の経験とは、地平の想起と製作であり、地平の想起と製作とは、ただ眺めることを本質とするふるまいとして理解されねばならないように思われます。

眺めるとは、自他の区別に先立つ事柄の根源的な姿を眺めることを意味します。いや、それどころか、眺めるとは、事柄の根源的な姿において眺めること、あるいは、根源であることでもあります。まなざしが純粋なものであるかぎり、これらはすべて、同じ一つのことなのです。

メルロ゠ポンティ（一九〇八～一九六一年）は、晩年に発表した論文「眼と精神」において、「見る」（voir）ことの意味を主題的に取り上げます。メルロ゠ポンティによれば、私は、身体によって世界に投錨され、さしあたり身体として存在します。私は、身体であることによって、見る者となるばかりではなく、見られうる身体として、その都度あらかじめ世界――和辻の言葉を使うなら「風土」――の一部でもあります。

よく知られているように、メルロ゠ポンティは、絵画というものを世界の認識の特権的な手段と見なします。絵画の製作、製作によって産み出された作品、作品を製作する画家の存在、これらはすべて「見る」ことの帰結であり、「見る」ことのうちにあらかじめ可能的に包み込まれていたものの現実化だからです。メルロ゠ポンティは次のように言います。

……世界は、もはや画家の前に表象されてあるのではない。言わば〈見えるもの〉が焦点を得、自己に到来することによって、むしろ画家の方が物のあいだから生まれてくるのだ。そして最後に、画像が経験的事物のなかの何ものかにかかわるとすれば、それは画像そのものがまず「自己形象化的」(autofiguratif)だからにほかならない。画像は、「何ものの光景でもない」ことによってのみ、つまり、いかにして物が物となり、世界が世界となるかを示すため〈「物の皮」を引き裂く〉ことによってのみ、或る物の光景なのである。……(『眼と精神』〈『眼と精神』〈滝浦静雄、木田元訳、みすず書房〉所収〉二八八ページ)

メルロ゠ポンティに従うかぎり、画家は、世界へとまなざしを向け、目に映るものを写し取るだけの存在ではありません。「見る」とは、目の前にある何ものかに働きかけられ受動的な仕方で成立するふるまいではなく、反対に、純粋な仕方で「見る」ことにより、モノが生れ、世界が生れ、画家が生れ、画像が生れるとメルロ゠ポンティは理解します。「見る」とは、見えるものを見るのではなく、反対に、「見る」ことは、「見えるもの」の製作として理解されねばならないのです。

……早熟なものだろうと晩熟のものだろうと、ひとりでに得たものだろうが美術館で養われたものだろうが、いずれにせよ画家の視覚は〈見る〉ことによってしか、つまり視覚そのもののからしか学べないのである。眼は世界を見る、そして世界が画像となるためには世界に何が欠けているかを見、また画像が真の画像となるためにはそこに何が欠けているかを見、そしてパレットの上に画像が待ちうけている色を見る。そしてそれが仕上った時、眼はこれらすべての欠如を満たしている画像を見、さらには他人の絵、つまり自分のとは違った欠如に応ずる別な応答を見るのである。……（前掲書、二六二ページ）

右に引用した一節に従うなら、純粋な「見る」ことにおいて遂行されているのは、「見えるもの」を視覚によって受け止めることではありません。むしろ、まなざしは、純粋なものであるかぎり、世界の「欠如」、つまり、普通の意味において「見えるもの」を支える何ものかへと、「地平」「生活世界」「風土」などの名で呼ばれてきたものへと向けられるはずであること、画家の表現の努力は、この世界の欠如に表現を与える点にあることになります。メルロ＝ポンティは、没後に公刊された遺稿（『見えるものと見えないもの』）において、これを「見えないもの」（l'invisible）「なまの存在」（l'être brut）「野生の存在」（l'être sauvage）などと名づけ、あらためて主題化しています。

無心であること、あるいは運命へと開かれていること

「見る」とは、見る者としての私から明瞭に区別された何らかの「見えるもの」を見ることではなく、本質的には、「見えないもの」を非反省的に純粋に見ることであり、「見えないもの」を見えるようにすることでもあります。この理解が妥当であるなら、風景の経験とは、「見えないも

の」を「見る」経験であり、風景は、本質的に「見えないもの」として私の生存を浸していると言うことができます。風景は、「見る」ことによって私が作るものなのです。これが、風景の経験が地平の「製作」と見なされねばならない理由です。（なお、念のために言っておくなら、「見えないもの」とは、もちろん、何らかの事情で視覚が捉えることのできなかった「裏面」「細部」などのことではありません。）

一九六八年一二月、川端康成は、スウェーデンのストックホルムで、ノーベル文学賞の受賞記念講演を行います。「美しい日本の私 その序説」と名づけられたこの講演において、川端は、道元、明恵、一休、良寛などからなるわが国の禅の系譜において、自然との一体感が繰り返し表現を与えられていること、この自然との一体感が日本的な美意識の反映であることを強調します。

講演の冒頭において、川端は、「雲を出でて我にともなふ冬の月／風や身にしむ雪や冷めたき」という明恵の歌を紹介し、これに関連して次のように語ります。

西行を桜の詩人といふことがあるのに対して、明恵を「月の歌人」と呼ぶ人もあるほどで、

あかあかやあかあかあかやあかあかや
あかやあかあかあかあかや月

と、ただ感動の声をそのまま連ねた歌があったりしますが、夜半から暁までの「冬の月」の三首にしても、「歌を詠むとも実に歌とも思はず」（西行の言）の趣きで、素直、純真、月に

話しかける言葉そのままの三十一文字で、いはゆる「月を友とする」よりも月に親しく、月を見る我が月になり、我に見られる月が我になり、自然に没入、自然と合一してゐます。……（『美しい日本の私 その序説』〈講談社現代新書〉九ページ）

川端は、月に対する明恵の無心な態度のうちに、眺める者と眺められる者のあいだの境界がなく、月のあり方とみずからのあり方が溶け合った主客未分の状態を認めます。川端の指摘を俟つまでもなく、これは、「雪月花」を愛でる日本の伝統的な美意識の一つの表現であり、根源への還帰の試みと見なされるべきものでしょう。

ある場所に身を置き、そして、目の前に現れるものにまなざしを向け、これを風景として享受することは、私の――あるいは、同じことですが、世界の――存在の根源を想起することです。風景を眺めることには、したがって、無心でただ眺めることにおいて私の生存の意味と運命を直観的に了解し本当の私へと還帰する経験としての側面が認められねばなりません。「地平だったもの」を地平だったものとして完了形で語るとは、私自身の生存の歴史を風景として語る試みなのです。

私の注意を惹く何ものかが地平から「ぬっ」と現れ、これがトリガーとなって何かを無心で眺めること、この眺めることにおいて「見えないもの」が見えるようになり、私の存在の根源へと還帰する、これが風景の経験の意味なのです。

前に、私は、風景の経験が本質的に不意打であり、風景に「襲われる」経験であると言いました。しかし、風景の享受が本質的に「見えないもの」を「見る」ことにあり、「見えないもの」が私の存在の根源であるかぎりにおいて、風景の経験は、不意打であるとしても、決して偶然と受け止められることはないはずです。むしろ、風景の経験は、その到来が偶然であるように見えるとしても、それ自体は、私の生存の歴史を形作るものとしてつねに必然と「予定調和」の色合いを帯びて記憶にとどまることになるはずです。私自身には、今のところはまだ、その理由がよくわからぬままであるかも知れぬとしても……。

主な参考文献（本文中で言及したものを除く）

ジェイ・アプルトン『風景の経験 景観の美について』、菅野弘久訳、法政大学出版局。

芦原義信『街並みの美学』、岩波現代文庫。

オギュスタン・ベルク『日本の風景・西欧の景観 そして造景の時代』、篠田勝英訳、講談社現代新書。

樋口忠彦『日本の景観 ふるさとの原型』、ちくま学芸文庫。

五十嵐敬喜『美しい都市をつくる権利』、学芸出版社。

五十嵐太郎『美しい都市・醜い都市 現代景観論』、中公新書ラクレ。

ジェイン・ジェイコブズ『アメリカ大都市の死と生』、山形浩生訳、鹿島出版会。

川端香男里『ユートピアの幻想』、講談社学術文庫。

木岡伸夫『風景の論理 沈黙から語りへ』、世界思想社。

桑子敏雄『風景のなかの環境哲学』、東京大学出版会。

桑子敏雄『生命と風景の哲学 「空間の履歴」から読み解く』、岩波書店。

松原隆一郎『失われた景観 戦後日本が築いたもの』、ＰＨＰ新書。

中川理『風景学 風景と景観をめぐる歴史と現在』、共立出版。

中村良夫『風景学入門』、中公新書。

西村清和『プラスチックの木でなにが悪いのか 環境美学入門』、勁草書房。

クリスチャン・ノルベルグ・シュルツ『実存・空間・建築』、加藤邦男訳、鹿島出版会。

鈴木博之『東京の地霊（ゲニウス・ロキ）』、ちくま学芸文庫。

谷川渥『廃墟の美学』、集英社新書。

ロバート・ヴェンチューリ『ラスベガス』、石井和紘、伊藤公文訳、鹿島出版会。


なお、ピクチャレスクについては、次の三巻本のアンソロジーを参照しました。

The Picturesque. Literary Sources & Documents, in 3 volumes, edited and with an Introduction by Malcom Andrews, Mountfield near Robertsbridge, Helm Information, 1994.

また、一八世紀にイギリスで出版された文献のデータベースECCO (=The Eighteenth Century Collections Online) も適宜利用しました。

あとがき

風景とは何か。これは、このページに視線を落としている多くの人にとり、なじみのない問いであるに違いありません。日常生活において私たちが態度をとるのは、具体的な景色や眺めであり、風景一般の意味を問わなければならない機会など、滅多にないからです。私もまた、何もきっかけがなければ、風景の意味について考えることはなかったでしょう。

静岡県の河津町に今井浜という場所があります。名前が示すとおり、ここには小さな砂浜があり、夏には海水浴場として開放されています。日本の近代文学に興味のある人は、「今井浜」の名を耳にすると、この砂浜の奥に有名な旅館「今井荘」があること、三島由紀夫が長篇小説『禁色』をここで執筆した事実を思い出すかも知れません。

さて、この今井浜に立つと、正面には相模灘が見えます。砂浜の先には海が広がり、晴れた日には、その海がはるか遠くで青い空と溶け合う眺めに出会うことができます。また、季節と天候によっては、日の出の時間に太陽が水平線から昇るのを浜辺で眺めることも可能です。常識的に考えるなら、これは、絶景に数えられるべき眺めであるに違いありません。私自身、今から約一〇年以上前のある年の秋の初めに今井浜を訪れ、水平線から太陽が昇るのに立ち会ったことがあります。

しかし、水平線からゆっくりと昇る太陽にひとりで向き合ったとき、私は、居心地の悪さを覚えました。御坂峠の天下茶屋で富士山と向き合った太宰治（第四章を参照）と同じように、私もまた、狼狽し——「顔を赤らめた」かどうかはわかりませんが——恥ずかしさに襲われました。そして、いたたまれない気持になり、しばらくのあいだ浜辺を歩いているとき、「この眺めにどう向き合えばよいのか」「風景を眺めるとは何をすることなのか」という問いが私の心に浮かびました。また、この問いに対し自分なりの答えを与えないかぎり、今後は、「風景」という言葉を耳にしたり目にしたりするたびに落ち着かない気持ちになるに違いないようにも思われました。私が「風景とは何か」という問いに対する答えを捜し始めたきっかけです。

その後、私は、本文で取り上げた首都高速に覆われた日本橋、全国各地に作られた「和風テーマパーク」、さらに、イギリス風景式庭園、ピクチャレスク、ユートピアなどについて考えながら、「風景とは何か」という問いの答えに少しずつ近づいて行きました。これらのトピックの詳細は、本文に記されているとおりです。

四章からなるこの書物のうち、第一章から第三章は、風景の意味を明らかにするために確認しなければならない若干の事実の説明に当てられ、最後の第四章において、最初の三章における予備的な考察を前提として、風景の意味が主題的に取り上げられます。

第一章から第四章のそれぞれの内容は、以下のとおりです。

第一章。「テーマパーク化」と「日本的風景」という二つのキーワードとの関連において、現代の日本における支配的な風景観を確認します。全国各地にある「和風テーマパーク」、そして、日本橋と首都高速道路の関係が具体的な手がかりとなります。

第二章。この支配的な風景観が形作られたプロセスを、「ピクチャレスク」の観念を導きの糸として簡単に辿ります。この書物では、この支配的な風景観には「絶景の美学」の名が与えられます。

第三章。「絶景の美学」に対するジョン・ラスキンの批判を紹介しながら、この風景観が「現在」に対する異議申し立てのイデオロギーと過去の単なる保存へ、「テーマパーク化」へと必然的に転化すること、絶景の美学に従うかぎり、風景が意識の牢獄としての「閉じた庭」とならざるをえないことを明らかにします。

第四章。風景に対し「地平だったもの」という規定が与えられます。風景の経験とは、現地に身を置くことにより、地平だったものを地平だったものとして、いわば「完了形」において語ることであり、「見えないもの」へと向けられた非反省的なまなざしにより、私たち一人ひとりの存在の根源へと還帰することである、これがこの書物の結論です。

本書の出版に際しては、筑摩書房の永田士郎氏に大変にお世話になりました。ここに記し、深い感謝の意を表します。

二〇一七年五月

清水　真木

清水真木（しみず・まき）

一九六八年生れ。明治大学商学部教授。東京大学大学院人文社会系研究科博士課程修了。博士（文学）。哲学、哲学史専攻。主な著書に、『感情とは何か』（ちくま新書）、『忘れられた哲学者　土田杏村と文化への問い』『友情を疑う　親しさという牢獄』（いずれも中公新書）、『これが「教養」だ』（新潮新書）、『知の教科書　ニーチェ』（講談社選書メチエ）、『岐路に立つニーチェ　二つのペシミズムの間で』（法政大学出版局）などがある。

筑摩選書　0148

新《しん》・風景論《ふうけいろん》——哲学的考察《てつがくてきこうさつ》

二〇一七年八月一五日　初版第一刷発行

著者　清《し》水《みず》真《ま》木《き》

発行者　山野浩一

発行所　株式会社筑摩書房
東京都台東区蔵前二-五-三　郵便番号　一一一-八七五五
振替　〇〇一六〇-八-四一二三

装幀者　神田昇和

印刷製本　中央精版印刷株式会社

筑摩書房サービスセンター
さいたま市北区櫛引町二-六〇四　〒三三一-八五〇七　電話　〇四八-六五一-〇〇五三
©Shimizu Maki 2017 Printed in Japan ISBN978-4-480-01653-9 C0310